Serie Literatura y Cultura
Editor General: Greg Dawes
Editora encargada de la serie: Ana Forcinito

Homenaje a Jaime Concha
Releyendo a contraluz

Editado por
Ignacio Álvarez
Luis Martín-Cabrera
Greg Dawes

Raleigh, NC

© 2018 Ignacio Álvarez, Luis Martín-Cabrera y Greg Dawes

Reservados todos los derechos de esta edición para
© 2018 Editorial *A Contracorriente*

All rights reserved for this edition for
© 2018 Editorial *A Contracorriente*

Para ordenar visite http://go.ncsu.edu/editorialacc

ISBN: 978-1-945234-42-2

Library of Congress Control Number: 2018932724

ISBN-10: 978-1-945234-42-2 (pbk)
ISBN-13: 1-945234-42-3 (pbk)

Corrección y diseño de interior por Diana Torres
Diseño de tapa SotHer

Esta obra se publica con el auspicio del Departamento de Lenguas y Literaturas Extranjeras de la Universidad Estatal de Carolina del Norte.

This work is published under the auspices of the DEPARTMENT OF FOREIGN LANGUAGES AND LITERATURES at NORTH CAROLINA STATE UNIVERSITY.

Distributed by the University of North Carolina Press, www.uncpress.org

Contenido

Nota de los editores	vii

I. Palabras Preliminares

Un hombre que lee ... 1
Ignacio Álvarez
Hugo Bello

Imágenes a contraluz de Jaime Concha ... 9
Luis Martín Cabrera

II. Concepción

Un borrador sobre la escritura de Jaime Concha ... 15
Juan Gabriel Araya Grandón

La escucha y la letra desde el Bío-Bío ... 23
Rodrigo Cánovas

III. En torno a Mistral, Huidobro, Neruda

Formas de mirar el poema: Mistral, Neruda y
Huidobro en perspectiva ... 35
Paula Miranda H.

Neruda en el umbral de la crisis de 1956 ... 47
Greg Dawes

IV. Irradiaciones

¿Puede ser la crítica una práctica militante?   71
  John Beverley

Las novelas de la dictadura chilena: la tortura   81
  Grínor Rojo

V. San Diego

The Limits of Analogy: Jose Martí and the Haymarket
Martyrs   99
  Christopher Conway

Writing the Dialectic with Coefficients   121
  Brian Gollnick

'Ondular entre sus dedos la caballera del tiempo'   139
  Jill S. Kuhnheim

VI. Con voz propia

Estudiar literatura   157
  Jaime Concha

Nota de los editores

La mayoría de los ensayos que se recogen en este volumen fueron parte de un congreso que se organizó en homenaje a nuestro colega Jaime Concha del 13 al 14 de agosto del 2015 en Santiago de Chile. La jubilación del Departamento de Literatura de la Universidad de California, San Diego de uno de los más destacados críticos literarios chilenos de todos los tiempos no podía ser condenada, como tantas otras cosas en Chile, a una triste nota al pie de página en los vastos archivos del olvido. Con este volumen nos proponemos ahora dar cuenta y fijar por impreso parte de lo que allá aconteció.

Las jornadas del congreso titulado "Leer a contraluz: un recorrido por la literatura latinoamericana junto a Jaime Concha", tuvieron lugar en la Facultad de Filosofía y Humanidades de la Universidad de Chile, la Facultad de Letras de la Universidad Católica de Chile y en la Fundación Neruda. El congreso no fue, stricto sensu, "un homenaje", sino más bien un compendio de reflexiones críticas y teóricas inspiradas al hilo de las múltiples contribuciones hechas por Jaime Concha a lo largo de más de cinco décadas de profesión universitaria. Quienes conocen a Jaime Concha saben que su ética comunista —y su carácter, por qué no decirlo— jamás hubieran tolerado un homenaje a la antigua usanza lleno de hagiografías y delirios narcisistas. Por eso, con este criterio de acompañar su obra crítica con nuestras voces, las ponencias fueron agrupadas en torno a los siguientes ejes: "Narrativa, nación y modernidad", "Pablo Neruda y la poesía chilena del siglo XX", "El magisterio y la escritura de Jaime Concha", "La sangre y las letras: actualidad de los estudios de literatura colonial y del siglo XIX", "Cultura, literatura y política" y "Los escritores frente a la crítica".

Para llevar a cabo este congreso fue necesaria la colaboración de muchas personas. Fue Grínor Rojo, en primer lugar, el que sugirió que el congreso debía hacerse en Chile y no en San Diego y que debía ser además una conferencia internacional y no un pequeño acto. Con esta idea grande y republicana en mente nos pusimos manos a la obra. Con la inestimable ayuda y dirección del profesor Ignacio Álvarez solicitamos un Fondo del Libro del Gobierno de Chile para la realización de este justo reconocimiento al profesor y colega Jaime Concha en su país natal. Especial mención en este acápite merecen los colegas John Beverley y Alain Sicard, que escribieron sendas cartas de apoyo para la obtención de los fondos que permitieron pagar los desplazamientos de los ponentes que venían de fuera de Santiago y otros gastos de organización.

Es de justicia también agradecerle a la profesora Paula Miranda que nos abriera las puertas de la Fundación Neruda para que se celebrara allá la conferencia magistral de Jaime Concha que cerró tanto el congreso como este volumen. Gracias también a los profesores María Inés Zaldívar y Rodrigo Cánovas por gestionar los espacios y la excelente acogida en la Universidad Católica.

Hubo muchos colegas que se acercaron para decirnos que les hubiera gustado participar tanto en el congreso como en este volumen, pero que, por distintas razones y compromisos académicos, no pudieron hacerlo. De todos ellos, merece especial mención el profesor Jaime Giordano. Cuando estábamos en contacto con él para organizar los preparativos de su viaje desde Puerto Rico de pronto se produjo una desconexión: nuestros correos electrónicos eran respondidos con silencio, hasta que su esposa Carmen Rabel nos informó de que lamentablemente había fallecido. Aunque los marxistas no creamos en espíritus, pensamos que en esta ocasión corresponde hacer una excepción y pensar que su espíritu y su ausencia estuvieron presentes en el congreso y están en estas páginas.

Por último, cabe señalar no obstante que las ponencias que aparecen aquí no coinciden exactamente con las que se leyeron en el congreso. La contribución de los profesores Hugo Bello e Ignacio Alvárez, "Un hombre que lee", corresponde al texto de la introducción de la excelente antología de ensayos críticos de Jaime Concha que ambos editaron, *Leer a contraluz: estudios sobre narrativa chilena de Blest Gana a Varas y Bolaño* (Santiago: Ediciones Universidad Alberto Hurtado, 2011). El texto de Christopher Conway, "The Limits of Analogy: José Martí and the Haymarket Martyrs", apareció previamente en *A contracorriente* en el otoño de 2004 y el texto de Greg Dawes, "Neruda en el umbral de la crisis de 1956", apareció previamente en *Estudios públicos*, el nº 143 de 2016.

Ojalá que estas páginas no se las lleve el viento y queden para siempre como testimonio de la vida y la trayectoria crítica de Jaime Concha.

Ignacio Álvarez
Greg Dawes
Luis Martín-Cabrera

I. Palabras Preliminares

Un hombre que lee

Ignacio Álvarez
UNIVERSIDAD DE CHILE
Hugo Bello
UNIVERSIDAD ALBERTO HURTADO

Para nosotros, Jaime Concha no fue en principio una persona, fue un puñado de textos que leímos con asombro. Demasiado acostumbrados a la escritura académica quizá, en esos textos encontramos otra cosa: una perspectiva crítica asumida en toda su complejidad, una sensibilidad áspera, un compromiso radical con la literatura y con el suelo duro de la realidad.

En segundo lugar fue una especie de héroe novelesco, y su historia era la del crítico chileno más talentoso de las últimas décadas. Ocurría en Concepción, en París, en Valdivia, en Concepción otra vez, nunca en Santiago. Los que fueron sus alumnos —los que fueron nuestros profesores— nos hablaron de su erudición apabullante, de su conocimiento asombroso de la literatura occidental, de su sólida formación filosófica. Revisamos bibliotecas y supimos que se entendía con una constelación estable de autores y problemas: con Pablo Neruda y Juan Carlos Onetti, con Gabriela Mistral y Vicente Huidobro, con las letras y la sangre del mundo colonial. Nos sorprendió también en la calle, en las librerías de San Diego, donde hojeamos *Poesía chilena* y *Novelistas y cuentistas chilenos*, los libros que publicó en la colección Quimantú para todos, en el nervio del proyecto cultural de la Unidad Popular. Luego le cayó encima el exilio, y desde lejos leímos sus artículos en *Araucaria de Chile*.[1]

Años después lo conocimos. Fue una sorpresa que Jaime Concha después de todo fuera también un hombre, y *Leer a contraluz* es, en efecto, el libro de un hombre que lee, un hombre que lee a prudente distancia del país que lo vio nacer. De ese país, nadie lo olvida, debió partir tras una de aquellas sacudidas de la historia que dejan muertos, heridos y desaparecidos.

Rasgos de una poética

Los ensayos de *Leer a contraluz* parecen alentados por dos principios complementarios y tal vez tautológicos. La literatura, diría el primero, no tiene ningún sentido si no habla del mundo, y eso quiere decir: los hombres y mujeres que lo habitan, en especial las víctimas de la violencia; la materia que lo conforma, particularmente la terca materia que se resiste al deseo de los hombres; el tiempo condensado de la historia, sobre todo el tiempo de los pueblos, tristemente desperdiciado. El segundo principio diría que el mundo, a su vez, no tiene ningún sentido si no existe la literatura: la letra —esa esquina particular de la práctica humana— lo penetra, lo sondea, lo desafía, lo embellece y, de maneras difíciles de comprender, lo justifica. Dos principios que, a veces, pueden ser uno: existe una sospecha permanente, un tercer principio soterrado, una forma de agobio que se agazapa en varios de sus textos y que cancela los dos anteriores. Quizá el mundo y la literatura, a fin de cuentas, no tengan ningún sentido.

Esta perspectiva enamorada y desengañada es la que se despliega en los once textos que componen este libro, vasto por el arco largo que tomó su escritura (desde el Chile urgente de 1972 a un exilio que se prolonga hasta el día de hoy) y por el amplio alcance cronológico de las obras que estudia (un siglo y medio de novelas y relatos). Pero hay otra vastedad en estos textos, algo que es menos evidente y más difícil de captar en una lectura apresurada: cuando Jaime Concha estudia la narrativa chilena compone acordes complejos en los que resuenan simultáneamente varios estratos culturales. Su escritura tersa, ajustada y erudita es, por cierto, uno de los más lúcidos trabajos de interpretación literaria que se han escrito en Chile, pero también debiéramos leerla en su hondura porque ella misma es un producto sobredeterminado cuyas capas de sentido vamos penetrando solo paulatinamente. La mejor expresión de esta profundidad aparece en ciertas expresiones muy condensadas que nos sorprenden en el párrafo más imprevisto y que reverberan largamente en la memoria. De eso está hecho, por ejemplo, el "futuro irreparable" en las novelas de Manuel Rojas, Leonor Encina como una "criatura ideológica" en el *Martín Rivas*, la "excrecencia oligárquica" que es la nación para José Donoso, el "ácido seco de un dolor sin trascendencia" que define el sacrificio en Carlos Droguett.

Cada una de estas frases resume y contiene una posición meditada sobre la historia latinoamericana y sobre la literatura y las ideas de occidente, e introducen la presencia opinante, políticamente localizada del sujeto histórico. Son juicios elaborados en contra de la inclinación recurrente de la academia profesional por borrar las huellas de la enunciación. Concha no acepta las restricciones de la institucionalidad y sus cortapisas de corrección política y, más aún, pone en juego la verosimilitud y la legitimidad de una crítica sometida al *mainstream* que imponen las universidades y las editoriales dominantes en los estudios de la cultura y la literatura. Esa misma inclinación desafiante es lo que permite que sus perspectivas críticas vuelvan siempre a un conjunto de textos de la tradición moderna que son los referentes de cualquier autor que le interese: Proust, Faulkner, Balzac y Stendhal.

Las constantes fundamentales que vertebran el libro, a nuestro juicio, son tres: una cierta historia de Chile; un tramado social que produce y lee sus narraciones; una historia de la literatura. El pequeño mundo de los chilenos y sus textos de ficción.

¿Cuál es la historia? No hay progreso ni emancipación en los ensayos de *Leer a contraluz*, más bien el encadenamiento insistente de una interminable serie de fracasos. En Alberto Blest Gana es el desastre de los liberales visionarios, aplastados junto a Rafael San Luis en el motín de Urriola; en D'Halmar es la ruina de la clase media, incapaz de articularse políticamente en la coyuntura del cambio de siglo. Donoso será el portavoz de una ruina simétrica, definitiva quizá, la de la oligarquía chilena que, habiendo mostrado su incuria y su estrechez en la república parlamentaria, se precipita con violencia asesina al golpe de estado. Baldomero Lillo y Carlos Droguett encarnan la misma intuición, pero en su forma sublime: si la historia es una máquina que tritura existencias, Lillo y Droguett son los artistas de la tosca, los que encuentran la belleza que se esconde en sus desechos. Y puesto que el tiempo es el motivo central del ensayo que dedica a la tetralogía de Aniceto Hevia, allí también aparece más crudamente esta idea: la insistencia de Rojas en los años de su juventud no será sino el reconocimiento brutal del fracaso más grande de la historia de Chile, el de la promesa democratizadora que se anuncia con Balmaceda y que se intenta una y otra vez, infructuosa e insistentemente, desde 1938 hasta 1973.

¿Cuál es la sociedad? Exagerando solo un poco, digamos que Chile es apenas una palabra en este libro dedicado a la narrativa chilena; la nacionalidad o la identidad chilena son espejismos que no seducen su mirada. Se apuntan, más bien, ciertos gestos propios del chovinismo nativo, como la reivindicación nacionalista de Roberto Bolaño, un autor que en sus sucesivos desplazamientos se empapó de muchas otras tradiciones literarias —la española, la mexicana, la argentina, ¿como el propio Concha?— y que porta las señas de una identidad latinoamericana amplia, donde las fronteras geopolíticas y culturales se extienden de modo tal que, en muchos de sus textos, resulta imposible definir una nacionalidad en el sentido más constreñido de la palabra. Su reacción, acerba y distante, cae con la sutileza que le es característica: "Bolaño y su obra (…) ayudan a mantener en vilo esta parte notoriamente endeble del ego nacional", nos dice a los chilenos.

Más que a la nación, el libro está atento a la dinámica de las clases sociales. Esta perspectiva lo pone en un pie forzado difícil de sortear: ¿Cómo pensar a los condenados de la tierra, sus luchas, desde el parapeto incómodo de unas narraciones escritas casi siempre por la pequeña (en varios sentidos) burguesía chilena? Algunas pistas se deducen a partir de la selección de autores que lo inquietan. José

Miguel Varas, Manuel Rojas, Carlos Droguett y Baldomero Lillo son todos escritores que transitan por la misma encrucijada de Concha, y cada uno, a su particular manera, ofrece una solución; esa solución, precisamente, es la que estos textos descubren, discuten, elaboran. Eduardo Barrios, Augusto D'Halmar, José Donoso y Alberto Blest Gana exigen una estrategia distinta: ahora el esfuerzo es el de mirar el mundo desde unos ojos que no alcanzan a distinguir lo que su propia vista les ofrece. En el primer caso, intérprete y novelista se abocan a un mismo hacer, desde la ficción o el ensayo, y la escritura crítica es la de un compañero de ruta y lector maravillado; en el segundo caso, el ensayo intenta poseer a la ficción (como ocurre en la posesión demoníaca, quizá) y le muestra lo que ella misma se niega a mirar. Por ejemplo, que en Chile la semilla naturalista no puede arraigar porque donde dice herencia, nuestra burguesía entiende "ancestro, estirpe, abolengo" y no degradación, enfermedad y determinismo como en Zola. Este de Jaime Concha, en suma, es un Chile *encontrado*: por supuesto enfrentado, pero también hallado, reconocido o recorrido en la diversidad de sus sujetos e intereses.

¿Y cuál ha sido, finalmente, el curso de la narrativa chilena en estos años? Es difícil que una literatura no siga, para bien y para mal, el destino del universo que la produce. El siglo y medio de ficciones que estudia *Leer a contraluz* es una selección de triunfos frágiles, es decir, una antología de las pocas batallas que la letra ha ganado en una guerra en la que, a la larga, siempre termina imponiéndose la historia. La intuición más lúcida, el reconocimiento más humilde de este libro es justamente ese: ¿De qué puede servir la obra literaria más lograda —para no hablar de la crítica más aguda—, la más perfecta, si al cerrar sus páginas Chile (o Latinoamérica, o el mundo, en esto el nombre es indiferente) sigue siendo el escenario bestial de las mayores injusticias? La literatura es como el *Angelus Novus*, aterrado ante las ruinas de la historia.

El tiempo presente, el de Jaime Concha y el de Chile, se lee con mayor claridad a través de sus ensayos más recientes. Los unifica la distancia, como si el paso del tiempo se hubiera detenido y hoy día la historia no fuera una dimensión fundante de la crítica y estuviera siendo reemplazada, poco a poco, por el espacio.

Roberto Bolaño y José Miguel Varas son sus afinidades electivas en el oficio difícil de estar lejos. La geometría que descubre en *Amuleto* es una buena metáfora de la primera opción que tiene ante sí: el vértigo de un adiós sin culpas ni remordimientos, de un desprendimiento definitivo y de un movimiento incesante, sin centro, sin anclaje, sin final. Varas es el modelo opuesto: el retorno que alienta el fuego de la memoria, sabiendo que recordar puede ser una experiencia dolorosa, como reconocer en el pasado un mundo que, irremisible, se ha derramado sobre un manto de arena.

La suya es, a fin de cuentas, una órbita kepleriana: uno de sus focos, el cercano, lo ocupa todavía Chile. En el otro está el mundo, el universo, quizá también la soledad que se requiere para venir, de vez en cuando, a visitarnos.

El texto crítico

Escribe Marx en el *18 de Brumario*: "los hombres hacen su propia historia, pero no la hacen a su libre arbitrio". Replica Concha, en su artículo sobre *Martín Rivas*, "la estatura artística, el alcance y la estela de [las] obras [literarias] poseen una final correlación con el desarrollo nacional de los países respectivos". *Leer a contraluz*, es cierto, insiste en lo que ata el libre arbitrio y lo que hiere su deseo, pero esta insistencia no es otra cosa que la expresión de una esperanza tan antigua como terca. Los juicios de este libro, precisamente, ponen de relieve su compromiso con un proyecto moderno que busca corregir el orden heredado, hacer la propia historia.

Y en ese empeño el texto crítico no puede ser una mera práctica de escritura erudita. Tampoco un paseo diletante por las veredas de la mejor y más reputada de las artes de nuestro tiempo, ni un ejercicio fruitivo, menos una reverencia cortesana. Para Concha la crítica literaria parte y termina en el campo de las ideas que colisionan, que se frotan y sacan lustre a una nación iluminando con sus chispazos las zonas más opacas de una realidad compleja, rica y provocadora.

Sin negar (ni negarse) el placer de leer, no se permite ni un ápice de autocomplacencia, de jactancia o fraseo socarrón.

Leer a contraluz, en suma, es un modo de arrostrar la historia. No es algo que pueden hacer los textos sin más o los personajes novelescos por sí solos. Es tarea de los hombres y las mujeres, uno de los cuales, aprendimos finalmente, se esconde tras el nombre de Jaime Concha.

Notas

1   Para un panorama de la producción crítica de Jaime Concha, ver la "Bibliografía" que se presenta en las páginas finales de *Leer a contraluz* (Santiago: Universidad Alberto Hurtado, 2011). (Nota de los editores: esta es una reproducción del prólogo a dicho libro.)

IMÁGENES A CONTRALUZ DE JAIME CONCHA

Luis Martín Cabrera
UNIVERSITY OF CALIFORNIA — SAN DIEGO

Una máquina de escribir se estrella contra el suelo en una calle de París, debía ser en 1974 o tal vez en 1975, no lo recuerdo. La máquina —sí, antes se escribía a máquina— podría ser, como en una novela de Bolaño, la de Jaime Concha o la de cualquier otro exiliado chileno que, por aquellas fechas se hubiera sentado, en el suelo, en uno de aquellos míticos seminarios de Lacan o Althusser en los que tantos intelectuales del entonces llamado Tercer Mundo buscaban herramientas para la descolonización.

Imágenes a contraluz: Neruda en la puerta de un Hotel en Valdivia con un trago en la mano esperando a un jovencísimo crítico chileno, un atardecer frente al río Cau-Cau; un obrero que mira al horizonte y recuerda la muerte de Stalin; una micro serpenteando por los Andes camino de Quito para conocer a Agustín Cueva y unir marxismos latinoamericanos; una reunión del Partido Comunista USA en Detroit (sí, existió); una biblioteca perdida para siempre en 1973; cartas manuscritas abandonadas en algún cajón del Chile de la Unidad Popular; un barco que zarpa desde Buenos Aires; Les comités de solidarité avec le peuple Chilien en Clairmont Ferrand; una conversación telefónica hecha a pedazos de interminables silencios con Gonzalo Millán; los felices absurdos de la vida en La Jolla; Onetti tumbado en su cama de Montevideo (y además llovía); el pudor (¿o la vergüenza?) de haber sobrevivido a la catástrofe de una dictadura; la cabellera rubia de una estudiante gringa en cualquiera de los eternos veranos de Middlebury College; José Miguel Varas, libro en ristre (después de la lluvia) a la salida del Metro Manuel Montt; *La sangre y las letras* en La Habana; una taberna en la que beberse el agridulce vino del exilio; los bares de mala muerte (o de buena vida); y, sobre todo, muchos libros, la lectura y la escritura como último refugio cuando no queda nada o casi nada, cuando uno está lejos, pero tampoco puede ni quiere estar cerca, porque ya no es de ninguna parte.

Como digo, podría ser la vida de Jaime Concha en 1961, en 1970, en 1991, en el 2004, ayer, aquí en Santiago o en Valdivia, o en Concepción, en Seattle, en París o en La Jolla, pero que nadie se asuste, como en las novelas de Bolaño u Onetti, no habrá resolución, ni final feliz, no trazaremos una genealogía heroica ni melancólica; no tendremos el mal gusto de recitar un catálogo de libros y artículos que, por otra parte, todo el mundo conoce o debería conocer. No, que nadie se inquiete, esto no es un simposio, ni un homenaje y mucho menos una conferencia al estilo MLA donde leer muchos "papers", muy de prisa, que no digan nada. No estamos aquí para erigir un mausoleo y llenarlo de grandilocuentes latinismos y loas vacías al estilo de los viejos filólogos españoles; no publicaremos un sesudo volumen titulado "Estudios en homenaje a..."; no cometeremos el error de convertirte en un maestro, aunque lo seas, entre otras cosas, porque sabemos que saldrías corriendo y terminaríamos leyendo más que a contraluz, en la oscuridad y sin Jaime Concha. Cosa que, por cierto, es muy de agradecer en estos tiempos neoliberales de egolatrías cibernéticas auspiciadas por una universidad cada vez más ensimismada y abocada a una autorreferencialidad tecnocrática.

Estamos aquí para "leer a contraluz con Jaime Concha". Y eso significa de partida entender que una vida o una trayectoria académica son mucho más que sus imágenes aisladas, que su contingencia pasada por el tamiz de la memoria o que el destello crítico de un corpus de textos sin duda deslumbrantes. "Leer a contraluz" implica abrirse a la posibilidad que las palabras se escapen de sí mismas y de las intenciones de su autor para albergar el fragor de una experiencia histórica compartida: leer *con* y no *a* o *sobre* Jaime Concha; acompañar una obra crítica en la que nos veremos reflejados y reflejadas de maneras distintas, a veces complementarias, otras veces en franco desacuerdo, pero siempre encontrando, como señalan Ignacio Álvarez y Hugo Bello, "una perspectiva crítica asumida en toda su complejidad, una sensibilidad áspera, un compromiso radical con la literatura y con el suelo duro de la realidad".[1]

"Leer a contraluz" es, en este sentido, un agradecimiento de ida y vuelta.

Una de las veces que iba a venir a Santiago, Jaime me dijo muy ceremoniosamente, "no esperes mucho de mi país, porque te va a defraudar". Y es verdad que la huella ominosa de la dictadura todavía asedia todas y cada una de las costuras de esta sociedad levantada sobre la sangre derramada de los desaparecidos y los torturados ("Venid a ver la sangre derramada por las calles", había escrito premonitoriamente Neruda en España), es imposible no ver que el vínculo entre política y el dinero hace hoy día más abyecta que nunca esta democracia "en la medida de lo posible", una democracia gatopardista en la que la mayoría del pueblo sigue, a pesar de las promesas, sin tener acceso a una educación pública, gratuita y de calidad o a una vida digna. Pero también habrá que reconocer que por debajo de todo ese exasperante manto de injusticias hay otro Chile que no consiente y no acepta este estado de cosas. Creo que, de manera muy humilde, este pequeño simposio es parte de ese otro Chile, porque es un desagravio que pretende conectarnos con esa parte mutilada de la universidad chilena con el fin de reconocer el talento y la trayectoria de un crítico que, a pesar de dotar a las literaturas chilena y latinoamericana de una profundidad teórica y un compromiso político hasta entonces inusitados, tuvo que marcharse a ejercer su profesión a otro lado.

Corresponde, por eso, agradecer a cuántos participaron de este esfuerzo. En primer lugar, las instituciones: al Departamento de Literatura de la Facultad de Filosofía y Humanidades de la Universidad de Chile, al Departamento de Literatura de la Facultad de Letras de la PUC, al Consejo Nacional de la Cultura y las Artes y a la Fundación Neruda. Gracias también a Ignacio Álvarez, co-conspirador y cómplice de este encuentro y a todas y todos los participantes, moderadores y colaboradores que hacen que estemos hoy aquí reunidos en torno a la obra de Jaime Concha.

El pasado —por suerte o por desgracia— es ya irreparable. La máquina de escribir yace hecha pedazos en el suelo, pero nuestros dedos siguen intactos, nos queda la palabra para agradecerle a Jaime estos más de 50 años de ejercicio continuo de crítica literaria y magisterio universitario, un don infinito e incalculable en estos tiempos en que todo parece tener un precio. Gracias, Jaime.

Notas

1 Jaime Concha, *Leer a contraluz. Estudios sobre narrativa chilena de Blest Gana a Varas y Bolaño.* (Santiago de Chile: Ediciones Universidad de Alberto Hurtado, 2011), 11.

II. Concepción

Un borrador sobre la escritura de Jaime Concha

Juan Gabriel Araya Grandón
Universidad del Bío-Bío

A los jóvenes de los sesenta de la Universidad de Concepción nos habría dado un ataque de risa si en ese tiempo alguien nos hubiera dicho que en el año 2015, en la Pontificia Universidad Católica de Chile, intelectuales chilenos celebrarían la obra de Jaime Concha. Primero, porque sería en el año 2015, quién pensaba en esa época siquiera en el milenio. En segundo lugar, por qué en la Pontificia Universidad Católica, sabiendo que el joven Jaime había polemizado con un sacerdote católico a raíz de la obra teatral *El vicario*, de Rolf Hochhuth, drama en el que se acusaba al Papa Pío XII de colaborar con los nazis durante la segunda guerra mundial. Tercero, porque el carácter iconoclasta de Jaime impediría cualquier celebración: sencillamente, no lo toleraría, no llegaría a la cita o no lo tomaría en serio. Lo de iconoclasta proviene de la expresión que le dirigió el escritor Daniel Belmar, cuando Jaime le dijo en broma y frente a sus amigos, entre ellos, Alfredo Lefebvre, que era "buen escritor, a pesar de ser boticario". Su carácter provocador e irónico es una de sus mayores virtudes, porque gracias a él sobrepasa los límites, como permanentemente lo hacen en sus inteligentes análisis. Debo decir que esa idea la comentamos hace unos meses en San Juan de Puerto Rico con nuestro recordado amigo Jaime Giordano, quien, por desgracia, nos dejó hace muy poco; por lo tanto, extiendo este homenaje al "otro Jaime" (obviamente, cuando hablaba con Giordano, el "otro" era Concha), notable también en su contribución crítica a las letras y el pensamiento latinoamericano.

Mi contribución quiere ser sencilla. Sólo dar cuenta de la genealogía que sustenta la obra crítica y cultural de Jaime Concha, específicamente, traer a colación ciertas ideas expresadas en sus primeros trabajos críticos con el objetivo de llamar la atención sobre cómo empezaba a tomar forma su pensamiento en la década del '60, sobre cómo Jaime se sorprendía al articular una mirada crítica ante el lenguaje, la cultura y la ideología en la literatura chilena e hispanoamericana. Podría aventurarse la tesis que entre 1963 y 1972 se constituye como el periodo en que Jaime publica los primeros trabajos que le otorgan una personalidad original, pionera y de avanzada en el campo de la crítica literaria y de la cultura. Estamos en condiciones de demostrar esta aseveración porque, en un recorrido somero por los artículos, notas y ensayos que Jaime escribió en el periodo ya señalado, aparecen con nitidez los intereses que definirán el comportamiento de un hombre de letras comprometido, erudito y atento a su época sin ignorar las contribuciones del pasado. A través de los trabajos sobre la literatura colonial (Alonso de Ercilla, Bartolomé de las Casas, Juan Ruiz de Alarcón), aquellos en los que revisa la producción literaria nacional contemporánea (Carlos Droguett, Jorge Edwards, Guillermo Atías, Jorge Teillier, Humberto Giannini, Juan Rivano, Jaime Giordano, Pablo de Rokha), sus sistemáticos estudios sobre Pablo Neruda y Vicente Huidobro, y el diálogo entre literatura, filosofía y política que se observa en estos primeros escritos, Jaime construye un nuevo referente en la crítica hispanoamericana, superando, por ejemplo, el clásico estudio de Amado Alonso sobre la poesía de Neruda. A este último respecto, es necesario indicar que los estudios de Concha sobre *Residencia en la Tierra* remecieron el panorama exegético de nuestro gran clásico, al punto que nuestros contemporáneos hablaron del nacimiento de una nueva crítica.

1963 a 1972. Si pensamos la genealogía como un modo de recurrir a las fuentes que motivaron la creación de un cuerpo de conocimiento y la forma que éste adopta, tenemos que sustentar la idea que la obra de Jaime Concha se encuentra interconectada de principio a fin. De allí la necesidad de planear su cartografía con el objeto de mostrar las matrices, los fundamentos, y al mismo tiempo las fisuras y la porosidad, de un cuerpo que permite la libre circulación de teorías, textos y discursos que solo el instinto selectivo de Jaime pone al servicio del pensar. La buena crítica no obtiene su cualidad de lo bueno que es el texto o el autor al que critica; para ello se necesita una "escritura tersa, ajustada y erudita", se necesita lucidez en la interpretación, hondura, como bien señalan Hugo Bello e Ignacio Álvarez en el inteligente prólogo de *Leer a contraluz* (2011). Y he allí la relevancia de las fuentes de la escritura de Jaime que podríamos sintetizar en diversas líneas teóricas, políticas, espirituales y afectivas: cristianismo, materialismo histórico y dialéctico, estilística, psicoanálisis, existencialismo, simbolismo, la filosofía clásica y contemporánea, en particular Hegel, Dilthey, Heidegger, Bachelard, Leo Spitzer, Sartre, Garaudy, Husserl, Ortega, Althusser, Lukács, Lefebvre, Marx, Mariátegui, Alfonso Reyes, Aníbal Ponce, Francisco Romero, P. Henríquez Ureña, entre otros. Sus guías iniciales en Chile fueron Juan Loveluck, Alfredo Lefebvre, Gonzalo Rojas, Enzo Mella, Luis Oyarzún, Jorge Millas, Mario Ciudad, Gastón von dem Bussche, entre otros.

Grínor Rojo ha hablado sobre la libertad con que Jaime cultiva la crítica; adherimos a esa formulación y en esa línea se inscribe el título de estas notas. Por nuestra parte, hablamos de borradores, no en el sentido negativo, sino en su sentido libertario, porque cuando uno lee a Jaime Concha sus escritos transmiten siempre la frescura no retórica de un producto en construcción permanente, pero provisto de un sólido esqueleto. Un tramado crítico-literario excelente. En 1963, en el segundo número de la revista *Mapocho*, de la Biblioteca Nacional de Chile, Jaime publicó su artículo "Interpretación de *Residencia en la Tierra* de Pablo Neruda", un título no grandilocuente, pero que define la actitud del crítico en una relación sinérgica con el texto. Obsesiva búsqueda del *ser* sería *Residencia*, en palabras de Concha, una obstinada búsqueda del fundamento. Tengo en mi poder *Residencia en la Tierra* de 1958, de Editorial Losada, adquirido por nuestro homenajeado, así lo certifica la inscripción "J. Concha, Concepción, 1959". Pues bien, nos llaman poderosamente la atención las anotaciones, subrayados, signos que significan una lectura más que atenta de su antaño joven lector. En efecto, los dos primeros versos de "Galope muerto" están subrayados, así como la penúltima estrofa de "Unidad". Las dos primeras estrofas de "Entrada a la madera" están destacadas y al margen se lee en letra manuscrita "acceso al fundamento" y en el poema "Josie Bliss" hay varias palabras subrayadas y al margen otra nota que dice "recuerdos del fundamento". "En las orillas del fundamento —dirá Concha en 1963—, donde debían florecer todas las promesas de la vida, solo se constata el desierto, la esterilidad". En las orillas del texto, allí donde nace la comunicación íntima con su lector, Concha —a temprana hora— inscribe no un desierto ni ejecuta un ejercicio estéril, sino uno preñado de sentido que aclara el rigor e importancia del lenguaje residenciario. Recientemente (2014), ha trabajado lo que denomina "dimensión transpoética" del discurso nerudiano en *Confieso que he vivido*. Vida y poesía, en términos de Goethe, la prosa autobiográfica de Neruda permite comprender una importante época de nuestro país.

El mismo rigor, pero diferente estrategia, le sirve a Jaime para hablar de *Altazor* en su artículo de 1965. El espíritu épico de *Altazor* y sus paisajes líricos guardan parentesco con la gran lírica europea de St. John Perse y T. S. Eliot. A la vez, estos paisajes son cantados por un juglar del siglo XX, actitud histriónica que podría remitir a un rasgo transversal a las prácticas mayores de la poesía chilena, como el Neruda de *Estravagario*, la totalidad de la producción de Parra, Rojas, Hahn, Lihn, Zurita, así como de los noveles poetas del tercer milenio. Así este crítico se mueve con entera libertad desde lo terrenal a lo celeste.

La línea colonial se inaugura en 1965 con sus "Observaciones acerca de La Araucana". La estructura de este libro inaugural es develada por Concha en un análisis triádico que tiene como ejes las muertes de Valdivia, Lautaro y Caupolicán, insistiendo en aquellos adjetivos negativos que proporciona Ercilla a sus compatriotas: la codicia y pereza de Valdivia, el arrebato de García Hurtado de Mendoza. Un año después se encarga de Francisco de Vitoria y sus *Re-*

lecciones, específicamente aquella que se refiere a los derechos de los indígenas en América y las historias de cautivos. En una línea que tendrá como exponentes a Leopoldo Zea y Beatriz Pastor, en "Las relaciones sobre los indios de Francisco de Vitoria" Concha apunta a poner en el tapete la discusión sobre la naturaleza de los indígenas y la legitimidad de exigirles obediencia al soberano, en circunstancias que las ellos tenían organizaciones propias. Jaime Concha encuentra en el discurso de Vitoria el respaldo para justificar su dedicación al estudio de las letras coloniales y la reivindicación de aquellos sujetos que sitúan al indio como principal preocupación —desde el punto de vista de las formas que adquirió el colonialismo hispano bajo el sello de Ercilla, Luis de Valdivia, Bartolomé de las Casas, Juan Ruiz de Alarcón, entre otros. No se nos escapa el que, tras esta fascinación por la heterogeneidad del discurso colonial se encuentran las lecciones del profesor Juan Loveluck, prologuista de una de las ediciones más populares de *La Araucana* y promotor de obras hispanoamericanas que caben en la clasificación de indigenistas como las de Ciro Alegría, Jorge Icaza, José María Arguedas… La idea del derecho indiano traspasa los textos y Concha la observa en Neruda ("Alturas de Macchu Picchu", "Educación del cacique", "Ercilla", etc.) y en Gabriela Mistral ("Canción quechua").

Sin ser exhaustivos, en relación con la literatura y la cultura hispanoamericana, los intereses de nuestro sagaz amigo recorren un amplio espectro, con especial dilección por los clásicos modernos y contemporáneos, y por aquellos autores que han llevado las letras americanas a un alto sitial proyectando nuestras sociedades a nivel del orbe. Es así el caso de los sistemáticos estudios sobre Rubén Darío, a quien dedicó un volumen crítico. Situados en la larga hora romántica de nuestras letras, Jaime Concha escribió sendos estudios sobre hombres fundadores, hombres de acción de nuestras naciones, como Andrés Bello, José Enrique Rodó, Domingo Faustino Sarmiento y José Carlos Mariátegui. La gran prosa de la "vanguardia" hispanoamericana del siglo XX, cuyos códigos distan de estar agotados, ha sido fuente de preocupación de Concha. Así, en el caso de Eduardo Mallea, Jorge Luis Borges, Juan Carlos Onetti, Carlos Fuentes, García Márquez, Juan Rulfo o Julio Cortázar, entre otros.

Me gustaría terminar este borrador sobre la escritura de Jaime con un recuerdo de 1965. Ese año, en la sección notas y comentarios de *Anales de la Universidad de Chile*, Jaime publicó un "panorama jerarquizador" de las publicaciones poéticas, narrativas y ensayísticas chilenas, con el título de "El año literario 1965". Llama la atención el carácter exhaustivo de la crítica de Jaime Concha ante un corpus vasto de las letras chilenas de ese año. Por ejemplo, al catalogar a *Patas de perro* de Droguett como una "novela en todo sentido excepcional", al destacar los premios obtenidos ese año por Enrique Lihn (Casa de las Américas) y Jorge Teillier (Compañía refinería de azúcar de Viña del Mar, CRAV), a la antología de Jaime Giordano *Treinta años de poesía en Concepción*, o al referirse al ensayo *Reflexiones acerca de la convivencia humana* de Humberto Giannini, Jaime borronea el canon de la literatura chilena orientándonos en los deberes de lectura desde la posición de un joven maestro. Por ese tiempo, Jaime ejercía el magisterio, tanto en la Universidad de Concepción como en la recién fundada Universidad Austral de Valdivia. Allí, se ligó al grupo Trilce como crítico; en efecto, prologó la primera antología del grupo en 1964, a pedido de los jóvenes poetas que lo componían. Lo mismo con Arúspice en Concepción: de allí que relevemos esta dimensión formadora y magisterial de nuestro gran y certero crítico, que hoy por hoy recomienda la lectura de *Radical Justice* de Luis Martín-Cabrera y la última obra del poeta Raúl Zurita.

Aprovechando la idea de "justicia radical", es justo homenajear la escritura y persona de Jaime Concha en el medio académico, porque ha demostrado un trabajo incesante en develar, sin prejuicios ni restricciones, el pensamiento de la literatura chilena e hispanoamericana para nuestra mejor comprensión desde el punto de vista histórico-social y de las ideologías, sin caer en las modas críticas ni en el facilismo de los moldes teóricos o los disfraces europeizantes. En conclusión, y refiriéndonos solamente a la literatura chilena y al pensar en chileno del propio Jaime, digamos que su obra crítica es susceptible de ser conectada en todas sus vertientes y niveles, desde Alberto Blest Gana, pasando por Baldomero Lillo, Augusto D'Halmar, Eduardo Barrios, Manuel Rojas José Donoso y la poesía intimista, hasta José Miguel Varas y Roberto Bolaño, desde la literatura colonial hasta Neruda y de allí a Raúl Zurita. Los artículos, ensayos y libros de Jaime son fundamentales para los académicos ocupados en estudiar las literaturas hispánicas.

Jaime Concha, además de su erudición y ojo crítico, ha sabido cultivar con éxito la amistad, el compañerismo, la camaradería, pese a las exoneraciones, los exilios, las dictaduras y las distancias. Se ha mantenido en una reunión permanente "bajo las mismas banderas", como diría Jaime Giordano, al parafrasear el verso de Neruda, desde que fuimos compañeros de curso en viejas salas de la Universidad de Concepción.

La escucha y la letra desde el Bío-Bío

Rodrigo Cánovas
PONTIFICIA UNIVERSIDAD CATÓLICA DE CHILE

Marzo de 1972, en el hermoso y siempre juvenil barrio universitario de la Universidad de Concepción. Un animoso joven, hijo de la pequeña burguesía ascendente penquista, entra a la primera clase del curso "Panorama de la novela chilena", dictado por el académico Jaime Concha. Recientemente, revisando mis apuntes de aquel entonces, que mezclaban cursos de economía política y de literatura, me encuentro con ese programa, que distinguía el siguiente corpus: *Martín Rivas* (1862) de Alberto Blest Gana; *Juana Lucero* (1902), de Augusto D'Halmar; *Un perdido* (1918) de Eduardo Barrios; *La viuda del conventillo* (1930), de Alberto Romero; *Hijo de ladrón* (1951), de Manuel Rojas y *Coronación* (1957), de José Donoso.

El profesor me pareció bien: relajado, muy entusiasta con las materias, como si él mismo las estuviera creando desde otro lugar, didáctico y enciclopédico (un oxímoron en nuestras aulas) y, cosa rara, alguien que se sentía a sus anchas en la sala de clases. Con el pasar de las semanas, entendí que hacía grandes esfuerzos para soportar la gruesa ignorancia de los estudiantes, la escasa vocación de muchos, pero en fin, también le atraía trabajar con estos seres que eran *tabula rasa*. Desde ya indico, que ese curso me permitió una entrada libre y segura a la literatura chilena, aunando creatividad artística e ideología, arte y sociedad. Teniendo yo una formación marxista basada en materias de historia económica dictadas por académicos argentinos exiliados (quienes habían encontrado refugio en la Universidad de Concepción), el lenguaje crítico de Jaime Concha tuvo en mí a un lector atento a todos los logros y omisiones del maestro.

Para Blest Gana, compré en la Central de Apuntes, manejada por los estudiantes de letras, el documento mimeografiado de 26 páginas "*Martín Rivas* o la formación del burgués", al parecer todavía no publicado. Las clases de Jaime se remitían a ese texto y mejor aún, al taller de lectura que lo hizo posible. Primer *shock* interpretativo: ¡Martín Rivas (con nombre de pila protestante) era un burgués! Es cierto que era un muchacho modesto venido de provincia y que temblaba de pies a cabeza en presencia de la refinada Leonor, que tenía sus tintes de sadiquilla; pero no era hijo de un obrero sino de un pequeño propietario de unas minas de plata en el Norte, y tampoco estaba para premios de consuelo, como tener amores con Edelmira, perteneciente al picholeo, por muy decente y bien parecida que ella fuera.

Dicho hoy, estos comentarios pueden resultar sólo anecdóticos. La historia de la crítica literaria dice otra cosa. La nominación de *burgués* saca de la esfera de lo local a nuestro héroe y lo sitúa en la historia de la modernidad, asimilándolo a los modelos anglosajones del esfuerzo, el trabajo y el deber. Mal que mal, la pareja de Martín y Leonor le otorga la mesura, bondad y elegancia que le faltaban al salón de las buenas familias.

Leyendo las novelas chilenas que se han escrito sobre la dictadura desde 1989 en adelante, ha vuelto insistentemente a mi memoria el comentario que realiza Jaime Concha sobre la perspectiva temporal que adopta Blest Gana para elegir y situar los acontecimientos. Habiendo escrito la novela hacia 1860-1861, ¿por qué elige situar a su personaje hacia 1850 y cómo inserta el motín de Urreola en el esquema amoroso y de amistades? Recordemos que es una década muy convulsionada, estando delimitada por dos revoluciones, la guerra civil de 1851 y la revolución de 1859, donde un hermano del autor sufrió prisión. Serán estas "omisiones y preferencias" —al decir de Jaime Concha— las que permiten dibujar la silueta ideológica del escritor y elucubrar en la alteridad biográfica de la ficción.

Tiempo del enunciado, tiempo de la enunciación; es decir el tiempo en que vive el personaje y el tiempo del escritor. Hacia 1991, en el inicio de la transición democrática o postdictadura, el joven Alberto Fuguet escribe *Mala onda*, situando a su *alter-ego* Matías Vicuña en el mes de septiembre de 1980, mes y año del fraudulento plebiscito que legitima una Constitución favorable a la dictadura. En la anécdota, esa situación apenas afecta a este arcángel que anuncia una nueva era, la del logo publicitario, y sin embargo, es como si la autoría quisiera ahora, en el tiempo subjetivo de la escritura, nombrar esa falta original, cubriendo el vacío histórico que afecta a un sector de su generación. En fin, hacia 1992, Arturo Fontaine publica *Oír su voz*, que lanza a sus personajes de blasón aristocrático a los tiempos de la debacle económica de 1983, la quiebra de los bancos, apuntando al extravío de valores de una clase social que debería refundarse, para así recuperar su garbo y aristocrático talento.

Volvamos al curso "Panorama de la novela chilena". La columna central era el diálogo y conjunción de las series literarias e históricas en una sola totalidad, teniendo como eje la noción de clase social y como ejemplos literarios, de preferencia las novelas mimético-realistas. Jaime Concha quería creer que el modelo teórico-filosófico era de carácter lukacsiano; sin embargo —más allá de un claro parentesco—, entre un chileno y un húngaro hay un mundo de diferencia. Por de pronto, junto a la clase social y con la misma impronta identitaria, aparece la noción de inconsciente, que le permite al crítico otorgarle un talante sicoemocional a los sectores sociales chilenos, en especial, a las capas nacientes, a los grupos larvarios, a los entreverados: Luchito Bernales, un perdido; Alsino, que ansía volar, el niño patas de perro junto a un padre adoptivo que busca apego, y dando un salto a este siglo, la mismísima figura de Roberto Bolaño, migrante latinoamericano, ávido de patria.

Todo esto, para abrir paso a *Juana Lucero*, que da pie a un texto crítico alucinante de Jaime, que tuve la fortuna de no leerlo primero en una revista académica sino de presenciarlo directamente en clase, en libre plática del profesor con los alumnos. Indiquemos, de paso, que cada vez que se leía una novela, el profesor otorgaba un resumen crítico de cada una de las obras del autor, haciendo hincapié en los énfasis y cambios de perspectiva, otorgando los contextos sociohistóricos correspondientes, desplegados a modo de un mural mexicano.

Releo mis apuntes de esas clases y veo citados los libros *Psicopatología de la vida cotidiana* y *El caso Shreber*, del Doctor Sigmund Freud. La novela es leída como una alegoría social—el *poquito de dicha* de las nacientes capas medias siendo pisoteada por el orden oligárquico—, pero muy especialmente como una elaboración enmascarada del trauma del autor: su bastardía, su padre en falta. Estamos aquí en medio de la interpretación de los sueños: el trauma es elaborado en un relato manifiesto, que el crítico debe desentrañar acudiendo a conjeturas. Así, es posible que la violación que sufre la Purisimita en una casa de familia ubicada en la Plaza Yungay, marque el lugar exacto del nacimiento del guacho Augusto Thomson, aunándose violación, goce culposo materno y nacimiento en un solo nudo.

Ahora bien, si es posible especular que acaso, en el ejemplo anterior, el crítico esté demasiado preocupado por restablecer un mapa geográfico que sostenga el mapa literario; la primacía del significante —su implacable insistencia— aparece singularmente en el análisis cuando se repara en el nombre de la protagonista, Juana Lucero, que se torna entonces hermafrodita por la *a* femenina y lo *o* masculina; lo cual se replica en el título de la obra, que en algunas ediciones siguientes pasa a titularse *La Lucero*, manteniéndose la doble valencia. Y como un comentario al margen, el crítico asocia el nombre de la heroína a Juana de Arco, figura que condensa sexo y nación —pues no olvidemos que la lengua materna del padre ausente es el francés.

Estas citas me traen a la memoria las clases sobre *María*, de Jorge Isaacs, en un curso sobre las letras hispanoamericanas dictado el año siguiente, donde se hacía tangible el mundo infantil libidinal que protegía a los personajes, que se correspondía con una arcadia patriarcal que apenas dejaba entrever el agresivo desarrollo de la máquina agrícola moderna. Reviso mis notas y veo que los apuntes se desplazan dramáticamente hacia otra obra romántica, *Atala* de René de Chateaubriand, germen de un nuevo espacio, el síquico, cuya metáfora profunda es el regazo materno.

Recuerdo la sorpresa que produjo esa lectura en la audiencia: Chactas y Atala intercambiando roles en el escenario edípico, apareciendo Chactas, en el primer beso, en relación de succión lactante; y luego, en una inversión, pasando a ser el padre de Atala, tomándola en brazos y en último trance, siendo madre, llevándola en su regazo (con las citas pertinentes). Me transporto a ese tiempo y me veo pronunciando en voz alta una de esas deliciosas frases mientras estudiábamos con una gran amiga esas delicadas materias. Cito: "Como un cervatillo parece colgar de las flores de las lianas de color rosa, que ase con su lengua delicada en los escarpados del monte, así quedé yo suspendido de los labios de mi amada". No recuerdo lo que venía después: o la sonrisa algo burlesca de mi compañera de estudios o su dulce recogimiento. *Atala*: el cristianismo como un acto sublime, rasgando los poderes de la naturaleza y el amor infantil en su rescoldo. Esas combinaciones sicosociales todavía rondan en mi mente y siguen abriendo paso a nuevas lecturas, a nuevos horizontes espirituales.

¿Por qué las lecturas de Jaime Concha nos inquietan, manteniéndose prístinas hasta hoy? ¿Será por su constante juego de referencias cruzadas en torno al trabajo, soporte existencial de lo humano: trabajo social en Marx, elaboración onírica en Freud, *poiesis* —se hacen barcos como se hacen poemas—, incluido el trabajo personal del crítico para forjarse un estilo? ¿Será porque todo aparece tejido en un solo paño donde se plasma simultáneamente el origen y el destino de la Humanidad, sostenido en ese misterioso espejo del mundo que es la Literatura?

A los caminos señalados por las clases sociales y el inconsciente, he agregado el camino menos visible pero vital de la manufactura textual, por cuanto desde la lectura atenta a las formas literarias es que este crítico logra descubrir el pasadizo secreto hacia el gran escenario de una historia individual y colectiva. O si no, ¿para qué dedicarse entonces a los estudios literarios? Así, es porque don Dámaso Encina insiste en que el joven Martín *le puede servir mucho*, podemos configurar el oportunismo de clase de nuestro héroe, experto en desenredar los chantajes del atrayente espacio del picholeo. Y es la *avaricia* de Doña Bárbara, que almacena el oro, la que la deja fuera de la propiedad privada, condenándola a la esterilidad económica. Y será esa isla imaginada, que es la Santa María de Onetti, la elegida para descubrir al unísono los reveses posibles de la ilusión amorosa e ideológica en la contrahecha modernidad latinoamericana.

Lector afanado por el detalle, por nombres, ritmos y cadencias; labora su escritura con cuidado poético, en cuanto su clara exposición se sostiene no sólo por una lógica razonada sino muy especialmente por los cambios de ánimo que se resuelven en oposiciones paradójicas, gradaciones, polémicas abiertas, en un discurso ensayístico que se presenta como un retrato polémico y sin embargo, armónico, de lo Real.

1972 es también el tiempo de su libro *Neruda*, año del Nobel del poeta. Lo leí de un tirón. El recuerdo que guardo de esa lectura es el alucinante tramado de la infancia como taller íntimo nerudiano con una historia social placentaria. Reconozco también el entusiasmo que despertaron en mí los bosquejos interpretativos de la historia chilena, con extensas notas a pie de página que renovaban los archivos de la nación. Releyendo ahora ese texto, he gozado con los retratos que se hacen de la condición del catedrático, del pequeño-burgués, del dichoso estudiante universitario, parodias amables de esas capas intermedias, sociales y emocionales, desde las cuales emerge un poeta que transgrede espacios sagrados. Tras la venida del joven Neftalí al centro cultural y político del país a estudiar pedagogía en francés en los años veinte; reconocemos todos los viajes esperanzados de los provincianos del mundo. Y aquí, nos precipitamos en la alteridad del texto, pues pasado el tiempo, habrá otro estudiante venido desde el Sur profundo, esta vez a una capital local (desde la cual, sin embargo, se puede llegar directamente a París), para estudiar pedagogía en castellano y luego filosofía, incluyéndose en la élite universitaria, para redescubrir allí la conexión de las cosas con los seres humanos, de la palabra con el trabajo.

Con el libro *Neruda (1904-1936)* —publicado por la Editorial Universitaria— he aprendido que la Historia viene cargada de palabras. En Jaime Concha 'experiencia subjetiva' y 'legalidad histórica' son expresiones que se conjugan en la poesía nerudiana. La subjetividad está adscrita aquí al reino de la infancia, germen del mundo metafórico; mientras que la ley histórica es la promesa de la reivindicación de lo humano. En esta ocasión he elegido referirme al análisis que se hace de "Galope muerto", que corresponde a las últimas páginas del libro.

Dispuesto hacia el final del ensayo la lectura de este poema inaugural opera como una sinécdoque de toda la obra nerudiana, enroscándose en las visiones de infancia y constituyéndose como el germen de la visión material e histórica de su poesía. Hay muchas preguntas de carácter epistemológico y existencial que retoma esta lectura de Jaime, otorgando posibles soluciones al enigma. ¿Cómo se concibe la memoria poética? ¿En qué conocimiento ponemos nuestra fe?; ¿en una teleología, donde la potencia inicial se desenvuelve en el tiempo?; ¿en la retroactividad síquica, mediante el cual los efectos van variando las causas?; ¿o será en un proceso dialéctico de transformaciones sicosociales, señalados por la lucha de clases y por la otredad del sujeto?

¿Son estas materias nerudianas insondables o son palabras incrustadas en la Madre Historia? ¿Cuál es la ley que sustenta los objetos?; ¿de qué son huella o restos? Si bien se puede sostener que Jaime se propone la tarea de interpretar la poesía nerudiana desde el materialismo histórico; acaso el esfuerzo imaginativo más notable es otorgarle al materialismo una base subjetiva, basada en la palabra poética, única capaz de estar infartada de materia histórica. Es esta viva preocupación por el origen de la creación artística y por las leyes del devenir del hombre en el tiempo lo que permite que esta lectura nerudiana se instale, monda y desnuda, nuevamente en el tiempo presente.

Todo lo anterior ha surgido a propósito de la significación histórica de los objetos en el poema "Galope muerto". El crítico aclara que si bien —como postula Sartre— el azar interviene en la biografía; no es así en la subjetividad poética. Citemos:

> [E]s casual que el primer recuerdo del poeta sea una casa quemada en el Sur, pero no es casual que *Residencia en la tierra* comienza como comienza. 'Como cenizas...'. La interpretación retrospectiva fija un principio de historización al temporalizarse como un pasado biográfico del sujeto, pasado a su vez inserto en un marco de desarrollo social[1].

Así, en *las campanadas* que se oyen vuelve la epopeya inaugural de la conquista, con sus voces eclesiásticas; campanadas también buñuelescas en blanco y negro, ibéricas y mexicanas. Y en este poema, *cuando sólo una hora crece de improviso*, aparece el tiempo moderno medido en la jornada laboral. Citemos nuevamente: "Entre esas campanas cuyo sonido trae una vieja resonancia y ese reloj que palpita corrientes submarinas, el poeta vive como un sujeto históricamente escindido, a caballo entre dos épocas, híbrido de dos extensos periodos de desarrollo humano"[2]. Nótese la contención apasionada del relato, la transfiguración de los versos a la escena crítica. En fin, el galope muerto toca el corazón, registra sus latidos, la finitud de una máquina perfecta; corazón, que es un reloj que suena como los antiguos relojes despertadores, que marca también la entrevela, por donde se cuela el trabajo creativo, la metaforización de la vida.

Mis disculpas por esta digresión sobre una materia del cual soy más bien ajeno —la poesía, la filosofía del conocimiento—; sólo he querido compartir mi lectura actual sobre esas páginas nerudianas, que me han permitido un armónico fluir en el tiempo.

He improvisado el montaje de la escena magisterial de Jaime Concha desde las exposiciones que el profesor realizaba en clase y desde los apuntes y libros de la época que yo leí y en los cuales me formé. Hay también otras escenas de ese inolvidable barrio universitario de la Universidad de Concepción, con su campanil, su foro y su arco de Medicina, collage de citas donde convergen la figura de Rodó con el juramento hipocrático y los saludos masónicos locales. Por ejemplo, las reuniones del Consejo del Instituto de Letras, con representación estudiantil, por supuesto, que era interrumpida constantemente por una afable señora de delantal y cofia para ofrecer café y pancitos, transformando la escena política universitaria en una alabanza de aldea; o esa veladas donde se juntaban a bailar y compartir los miembros de los núcleos políticos marxistas, profesores y alumnos, ensayando con cierta vergüenza ajena los pasos lentos y los rápidos; en fin, otros sucesos —más dramáticos, más descarnados— que no vienen al caso en este momento.

Agradezco infinitamente a quienes organizaron este simposio, este diálogo con Jaime Concha, pues me ha permitido, esta vez de modo definitivo, el ansiado regreso, todos juntos, el ansiado regreso a casa.

Notas

1   Jaime Concha, *Neruda (1904-1936)* (Santiago de Chile: Editorial Universitaria, 1972), 251.
2   Ibíd., 257.

III. En torno a Mistral, Huidobro, Neruda

Formas de mirar el poema: Mistral, Neruda y Huidobro en perspectiva

Paula Miranda H.
PONTIFICIA UNIVERSIDAD CATÓLICA DE CHILE[1]

Quisiera, en primer lugar, agradecer a los profesores Ignacio Álvarez y Luis Martín-Cabrera por realizar esta convocatoria. Pienso que en este gesto de invitarnos a reconocer el legado de Jaime Concha, ellos nos ofrecen también la oportunidad de crear sentido de comunidad, universitaria y social, en tiempos en que los vínculos están demasiado debilitados y en donde "crear comunidad" parece no ser un "índice" considerado para medir la "productividad académica". Ellos, al invitarnos a homenajear al destacado profesor e investigador, nos ayudan a restituir, aunque sea mínimamente, ese vínculo afectivo y colaborativo que debiera primar en una comunidad como la nuestra, la cual no es cualquier comunidad: es una del conocimiento, del saber, de la formación, de la investigación en un área singular, las Humanidades. En esta sala hay muchas personas que merecerían también recibir estos reconocimientos: Juan Gabriel Araya, Fernando Moreno, mis colegas de la PUC. Pienso en mis dos maestros de la Universidad de Chile, que aquí están compartiendo con nosotros: Bernardo Subercaseaux y Grínor Rojo. O el mismo Naín Nómez, cuyos tomos críticos y antológicos de la poesía chilena son imprescindibles. Gracias, Ignacio, y gracias, Luis, por invitarnos a este Simposio, palabra que en griego significa celebración con banquetes, y que en griego más antiguo es "reunión de bebedores". Gracias por invitarnos a esta reunión de bebedores, de la cual algo bueno saldrá, como en toda reunión de borrachos y donde diremos cosas que probablemente no cabría decir en otras situaciones más "sobrias". Gracias también a Jaime Concha por la paciencia y el afecto que nos ha demostrado durante todos estos años.

Reconocer implica volver a conocer, contrario a ese gesto algo ambiguo del lector perfecto, que todo lo ha leído y, que cuando se le pregunta si leyó un libro específico, él aduce que tendrá que re-leerlo, pues jamás reconocerá que no ha leído determinado alguno. Aquí el volver a conocer no implica que tengamos que re-leerlo (ahora a contraluz, más encima), sino tiene que ver con valorar el real aporte de nuestro homenajeado a la crítica académica y poner en perspectiva sus estudios. Aquí intentaré esbozar algunas ideas desde el campo de los estudios sobre poesía, el único sobre el cual tengo cierto dominio y ya bastante experiencia enseñándola, estudiándola e investigándola. Cabría entonces preguntarse: ¿Para qué leer a Jaime Concha? ¿Para qué nos sirve su crítica académica? ¿Podemos estudiar/enseñar a Neruda, Mistral, Huidobro o De Rokha sin considerar la mirada de Jaime Concha? Antes de intentar responder estas preguntas, permítanme una pequeña digresión sobre la crítica académica.

1. *Algo breve sobre situación de la crítica académica (en poesía)*

Habría que comenzar resaltando que los estudios de Jaime Concha se mueven en el ámbito de la crítica académica. Antes de continuar me parece pertinente (sobre todo pensando en nuestros estudiantes) destacar que la crítica académica y la pública o de prensa responden a lógicas en cierta medida diversas, aunque emparentadas entre sí. Mientras una asume, según Bernardo Subercaseaux, el ejercicio crítico como una estructura de pensamiento en cierta medida autosuficiente e independiente del objeto estudiado (tiende más a la teoría); la otra es un ejercicio de mediación entre los textos y el público lector. Mientras una, la académica, tiene como finalidad crear, difundir y reproducir conocimiento sobre los objetos literarios; la otra (la de prensa) se centra en facilitar y orientar los gustos del público respecto de las obras que están emergiendo e intenta anticiparse a fenómenos de cambio y transformación en este campo (de ahí su vínculo con el concepto de crisis). Mientras una responde a la lógica de la trasmisión y creación del conocimiento acumulado, la otra debe responder a los vaivenes de la coyuntura, del campo cultural y del mercado. Ninguna de las dos es superior a la otra en sí, dependerá del contexto (del para qué) y también de la calidad y honestidad con la que cada una sea ejercida[2].

Vuelvo entonces a la pregunta: ¿Por qué leer a Jaime Concha? Yo, que me instalo en el primer campo (el de la investigación y el de la crítica académica), debo confesar aquí que sus estudios me han ayudado en muchos sentidos, pero, probablemente, el más fundamental haya sido en el de mis clases. En esa trasmisión del conocimiento que he realizado en mis cursos de poesía chilena, tanto en la Universidad de Chile como aquí, en la Universidad Católica, sobre Neruda, Mistral y Huidobro (entre otros, claro está), la mirada distinta de Jaime me ha auxiliado de manera fundamental. Extrañé tener esas poderosas herramientas en mi curso de pregrado de poesía a fines de los 80, excesivamente estructuralista e incluso también a veces, mezclado con ciertos resabios impresionistas, sobre todo cuando estudiábamos a Mistral. Eran años complejos también, en que no cabía ni la más mínima posibilidad de disidencia. O ya en el posgrado, cuando las modas posestructuralistas y culturalistas parecían fagocitarlo todo e ignorar los poemas (y a veces, incluso, a los poetas). Los que estudiamos y enseñamos poesía chilena hoy en la academia, tenemos con Jaime una gran deuda y le debemos, considero, un gesto de gratitud similar al que realizaron Ignacio Álvarez y Hugo Bello al publicar esa magnífica recopilación de los estudios de Concha sobre narrativa chilena, *Leer a contraluz* (2011). Explicaré más adelante, caso a caso, en qué sentido su mirada es distintiva y fundamental.

Retomo la pregunta ¿Podemos estudiar y enseñar a Neruda, Mistral o Huidobro sin considerar la mirada de Jaime Concha? Definitivamente no. Por lo menos, yo no. Los estudios de Jaime se distinguen de muchos otros por tener un registro crítico único, como ha señalado Grínor Rojo en su presentación de *Leer a contraluz*[3], algo que también podríamos decir del propio Grínor. Sus estudios, vuelvo a Jaime, parecen acercarse a la poesía de una manera que me concierne profundamente, tanto en el nivel intelectual como emotivo. Esto querría decir, siguiendo a Bachelard, que me identifico con él, que yo hubiese querido y hasta podido escribir lo que él ya escribió[4]. Y me concierne por varios motivos.

El primero, es aquel que tiene que ver con la necesidad, siempre vigente y permanente, de mantener la preocupación por estudiar y también enseñar rigurosamente a los poetas chilenos, por ser un lugar inagotable no sólo de muy buena poesía, sino de conocimiento, memoria, experimentación, tradición, identidad y experiencia, un crisol rico y variado de miradas y palabras sobre el mundo. Creo que este corpus inagotable es, a veces, desatendido por algunos críticos de postura *post*, de manera injustificada y, me atrevería a decir, casi irresponsable en un país como Chile.

Segundo, Jaime Concha demuestra que a los poetas del así llamado *canon* (y uso el término en un sentido amplio), el ansia crítica nunca termina de agotarlos. De ahí el camino que él propone para visitarlos con mirada propia y asombrada, como si fuese siempre nuestra primera vez. Y eso es mucho decir, pues en el caso de los tres poetas que nos ocupan aquí, sabemos que existen cientos de libros y miles de artículos publicados. Cuando yo misma hice mi tesis doctoral en ellos tres (más Violeta Parra), tuve que sumergirme en un mar de crítica (que no se detiene y que, en algunos casos, aumenta día a día) para discriminar qué sí y qué no considerar, qué estudios abrían caminos y cuáles los clausuraban o más bien se perdían en el intento. De entre ellos, claro está, los estudios de Concha sobre los tres poetas aparecieron como imprescindibles (y, además, los incorporé a mis clases).

2. Su mirada sobre los poetas chilenos

Tanto su tesis de pregrado, "Interpretación de *Residencia en la tierra* de Pablo Neruda", como su libro de 1972, *Neruda (1904-1936)*, permiten entender, por primera vez, el materialismo de Pablo Neruda y un tipo de metafísica que no es la búsqueda de la esencia del ser, sino el sentido del Fundamento, fundamento que Neruda encuentra en la naturaleza y en sus fuerzas oceánicas y terrestres. Los caminos que Concha abrió, desde 1963 (en paralelo a la labor de Hernán Loyola), echaron por tierra muchas limitaciones y ciertos fundamentalismos de la crítica anterior. Al hermetismo de Neruda que Alonso (1940) acusó en las *Residencias* le sucedió la luminosidad del símbolo y de la recurrencia poética; a la excesiva degradación y obsesión de tiempo que el crítico español-argentino observó, Concha opuso un análisis poema a poema del espacio, la sonoridad y la visión de mundo metafísica y materialista, que invadía cada rincón de las *Residencias*. Todavía recuerdo los destellos críticos que despertó en mí su análisis del poema "Entrada a la madera", partiendo de la etimología griega y latina de la palabra, donde madera se hermanaba con la palabra materia[5].

Por otra parte, es muy extraño que Concha no haya quedado obnubilado solo con Neruda. En su época, sus colegas, algunos de mis profesores, centraban su atención y se especializaban solo en un poeta, y de ahí jamás salían. El poeta parecía adueñarse de sus almas y preocupaciones de por vida y, muchas veces, ellos mismos parecían adueñarse del poeta. Más todavía, nuestro homenajeado debe ser de los pocos críticos que se mueven con tanta holgura y perspicacia en dos géneros a veces muy distintos: la poesía y la narrativa. Ya mis colegas han ido destacando esa calidad en otras áreas y el mismo Grínor Rojo ha explicado por qué es cosa muy seria que un riguroso lector de poesía como Concha trabaje en narrativa. Es probable, dice Grínor, que evidencie "filones de mineral con que los narratólogos profesionales ni siquiera soñaron"[6].

Yo permaneceré ahora en la poesía. Durante la misma década de los 60, Concha ofrece en los *Anales de la Universidad de Chile* una mirada a *Altazor o el viaje en paracaídas* (1931), en el que, comparando ediciones (el prólogo de 1931 y el postfacio de 1925) y los distintos nombres que Huidobro había imaginado para el libro, concluye en el sentido fundamental: la vocación lúdica, liberadora y afirmativa del viaje, del espacio, de la palabra y de Altazor. Casi toda la crítica que le sucede a este estudio de 1965, ha realizado interpretaciones en contrario: cargando su apuesta a una interpretación más nihilista y desesperanzada, tanto del ser como del lenguaje. Una lectura obvia, que se viene repitiendo hasta hoy, y sin mayor sustento. O sea, se trataría de volver a leer no solo *Altazor o el viaje en paracaídas,* de 1931, sino también el estudio paratextual, textualista y espacial de Jaime Concha.

Años más tarde, en su libro *Gabriela Mistral* (1987, 2015), Jaime agregó a todos sus aciertos críticos y metodológicos uno realmente muy fundamental, la visión global de una obra, comparando no solo los distintos libros, sino diversas ediciones de un mismo libro. En el caso de las dos ediciones de *Ternura* (1924 y 1945) y de las dos de *Tala* (1938 y 1947), vio cómo en uno y otros el clima de la época y las determinantes biográficas daban cabida a dos versiones muy disímiles de cada libro. Él constató cómo *Ternura*, desde la versión de 1924, varió hacia otro *Ternura*, el de 1945, trágico y beligerante[7]. Para el año en que Concha publicó este estudio, acompañando una antología de poemas mistraliano (1987), los acercamientos de la nueva crítica sobre Mistral, estaban recién comenzando. Lo mismo sus dos *Tala*: la de 1938, inscrita con propiedad en las vanguardias (indígena, autóctona y de léxico arcaico—uso sus mismas palabras)[8] y la de 1947, que en algunas de sus secciones está cruzada por un "hálito de muerte, de dolor, de penitencia y luto"[9]. Entre una y otra, no es que esté interfiriendo solo la Segunda Guerra Mundial, sino una de sus consecuencias más trágicas: el suicidio del hijo único de Mistral, producto del acoso escolar xenófobo.

Me salto aquí la referencia a su importantísima mirada sobre De Rokha, porque estoy casi segura que Naín hablará mucho más competentemente sobre este tema que yo, por ser un *rokhiano* autorizado y más experimentado. Y me salto también su estudio sobre Prado, para no extenderme más de la cuenta.

3. Virtudes de su crítica

Me detengo ahora en los atributos de su crítica. Una de sus virtudes ocurre en el plano teórico. Acierta él cuando no se alinea con un único modelo teórico-metodológico (gesto tan presente en los estudios actuales sobre poesía) y pone todo su bagaje al servicio del poeta. Cada poeta, lo sabemos hoy, demanda un modelo particular de análisis y exégesis, y Concha suscribe permanentemente a esta premisa. Como si la lógica retórica, semántica, imaginativa y contextual del poeta, aplicara solo a él y únicamente a él, a la vez que el crítico no tuviera más que desentrañar una a una esas claves.

Por eso, es en el plano teórico donde Jaime se mueve con mayor holgura y tiende a establecer en sus estudios una teoría de la poesía, pero sin nunca explicitarla. Esa teoría, además, me concierne muy profundamente, porque tiene que ver con mi propia mirada sobre el fenómeno. Una teoría que concibe el fenómeno que llamamos, aristotélicamente, "poesía lírica", como algo muy concreto (a veces demasiado), y a la vez como una determinada visión de la experiencia, dependiente de sus contextos, imbricado en tu tiempo, como una zona también de espacialidades, que a veces puede ser la tierra (Neruda), lo astronómico (Huidobro), el terruño (Mistral) o el campo (De Rokha).

Su reflexión, entonces, sobre la poesía es la teoría que él esgrime sobre el fenómeno poético, pero para hacerlo jamás se aleja del objeto estudiado: observa detenidamente el poema, sus sentidos y recursos retóricos e idiomáticos, lo compara con otros textos, con otros libros, con otras ediciones de esos libros, con las poéticas y ciclos del poeta, con otros poetas y solo en ese momento propone una clave de lectura y de significación del poema. Pero no se queda en el poema, está siempre dispuesto a más: a plantear la intención del libro, del poeta y su obra en un determinado campo cultural. Su forma de mirar mezcla singularmente y con justo equilibrio la crítica textualista, la contextualista, las visiones de mundo, la aproximación comparativa, el asedio formal y contenidista, los resabios de cierta fenomenología *bachelardiana*, de cierta estilística, sin jamás superponer el modelo al poema.

Además, me interesa su metodología: la manera en que mezcla tan justificadamente y con tan fina precisión esa mirada sobre el poema con las condiciones psicológicas y sociales del poeta, condiciones según las cuales se establecen motivos de la poesía mistraliana, y que son condiciones que, en general, la crítica actual desdeña. Yo apuesto hoy, con cierta seguridad, por la enorme importancia que tienen las biografías poéticas y por la urgencia de trabajar en conjunto ediciones críticas de libros fundamentales de nuestra poesía.

Por último, en el plano de las metodologías, me interesa su trabajo con los sistemas de representación en los que se inscribe el poema o el libro estudiado, en tiempos en que también los cursos o las investigaciones diacrónicas son miradas con cierto desprecio en la academia. Su artículo sobre las convergencias, dependencias y traslapes entre el mundonovismo y nuestras primeras vanguardias (a propósito de De Rokha y también de Prado), nos explican muy bien las tensiones que habitan en las estéticas de Mistral y de Huidobro, por ejemplo. Ella, claramente hablando desde el espacio del terruño en clave posmodernista, pero acercándose con resolución al vanguardismo (en *Tala*), sobre todo en su vertiente "endógena" o "casi indígena"[10]. Él, Huidobro, cubista-creacionista radical en algunos momentos de su vida, pero con un determinante origen mundonovista en sus libros de 1912 y 1913; lo que retornará con fuerza en su poesía de los años 30 y 40.

4. *Antes de ir a las conclusiones, permítanme una impertinencia*

No sería yo coherente si no ejerciera en mi trabajo algunos de los atributos que valoro en Jaime: su criticidad. Esbozo aquí algunas desavenencias entonces con su crítica. Violeta Parra decía que buscaba siempre acercarse y convivir con sus enemigos, porque allí reconocía y podía enfrentar sus propios defectos y oscuridades (aunque el precio que ella pagaría por esta autocrítica fuese tan trágicamente alto). He tratado en las reflexiones anteriores de demostrar que soy amiga y admiradora de Jaime Concha, pero hay cosas, detalles, tal vez, en las que me distancio de él. Me incomoda, por ejemplo, que nombre a Mistral como "la Mistral", o como poetisa (en lugar de poeta). Pero me molesta más que no se detenga con mayor atención en la fundamental sección "Saudade", de *Tala*. Sin embargo, como Jaime sabe con quién dialogará en sus escritos, compensa al menos dos de mis quejas. Y ahí está esa magnífica Excusa (al inicio del libro sobre Mistral) en que dedica "dos palabras de explicación a mis amigas feministas" (13). Y compensa también con el potente guiño que hace a la poesía de Violeta Parra, cuando en su análisis de *Poema de Chile*, indica que en su tono resuena la presencia de ella, la "otra gran chilena de este siglo" (136).

Por último, algunas muy breves reflexiones al cierre. Quisiera aquí indicar por qué pienso que es muy difícil vivenciar, estudiar y enseñar tan plenamente a estos poetas sin la presencia de los estudios de Jaime Concha. Y creo que sintetizando son dos las razones fundamentales: la primera, ya destacada por Grínor Rojo en su "Cómo lee Jaime Concha", es su delicada forma de escribir, más cercana al ensayo que al *paper* cientificista actual[11]. Una escritura que sigue paso a paso, con "lentas aguas lentas", como decía Neruda, la percepción y la visión de cada uno de los poetas, pero sin mimetizarse con ellos, con sus texturas. Una escritura que es poética, pero a la vez diáfana y profunda y resonante. Nuestro amigo Concha responde a lo mismo que le pide uno al escritor creativo: que despierte más preguntas, que toque mis personales experiencias y preocupaciones, pero sin agotarlas, y que provoque en mí la necesidad de escribir, de decir más cosas sobre los mismos problemas, sobre las mismas poéticas.

El segundo motivo, creo, es que Jaime ha buscado y respondido, en gran medida, una clave fundamental de los poetas estudiados: lo espacial, en un país en que el peso de la tierra es tan fundamental (parafraseando a Teillier) como lo fuera en su momento el peso de la noche. Ha dado con un punto fundamental en poesía y lo ha hecho respetando y ahondando en la poética del espacio y del habitar de cada uno de los poetas que ha estudiado. Con ello, también ha demostrado cuál podría ser una de las razones de sus vigencias. Para hacerlo, no ha necesitado teorizar sobre lo territorial, lo paisajístico, lo geográfico o el espacialismo en poesía, pero nos ha dado las mejores lecciones de teoría del espacio en poesía: una Mistral del destierro, pero sobre todo del terruño (no solo elquino o chileno, sino también mexicano o provenzal); un Neruda (de la Frontera) conectado en casi todos los planos con las fuerzas telúricas y oceánicas de nuestra naturaleza; un Huidobro más aéreo y astronómico, para su época, hiperbólico, mas no para hoy día en que los astrónomos trabajan urgentemente en la exovida (no me detuve aquí en la palabra clave de *Altazor*, que para Concha es el palíndromo "eterfinifrete": eternidad, final, fin, éter); un De Rokha campesino en lucha contra la ciudad (el más vanguardista de todos y cuya egolatría es: plebeya, cerril y montaraz); un Pedro Prado protovanguardista, cuya relación con el agua y la tierra la realiza desde su cosmovisión espiritualista y mítica.

Quedé impactada e impresionada cuando oí el año pasado en este mismo auditorio su magnífica conferencia sobre "Las vanguardias y las formas de una tierra" en un Coloquio internacional de vanguardias organizado por mi colega Patricio Lizama. Ahí, Jaime sintetizó las relaciones entre vanguardismo, mundonovismo, espacio, naturaleza, geografía chilena y poesía.

Sé que cada uno de ustedes ha leído a Jaime, pero invito a nuestros estudiantes a conocerlo y sumergirse en él y, con él, en nuestros poetas, en nuestra geografía y cielos, porque queda todavía mucho todavía por estudiar y criticar, por trabajar.

Gracias, Jaime, por inspirarnos.

Notas

1   Este artículo se realizó gracias al Proyecto Fondecyt Regular 2014, N° 1141152, "Países y paisajes en la poesía de Raúl Zurita; Diálogos, mutaciones y desapariciones (1971-2013)".
2   Bernardo Subercaseaux, "Transformaciones de la crítica literaria en Chile: 1960-1982", *CENECA* (1982): 1-3.
3   Grínor Rojo, "Cómo lee Jaime Concha", *Letras en línea*, Departamento de Literatura UAH, (1982): párr. 1, acceso el 17 de mayo de

2016. Ver http://www.letrasenlinea.cl/wp-content/uploads/2012/04/Gr%C3%ADnor-Rojo-C%C3%B3mo-lee-Jaime-Concha1.pdf.
4   Gaston Bachelard, *La poética del espacio* (Ciudad de México: FCE, 1975), 18.
5   Jaime Concha, "Interpretación de *Residencia en la Tierra*", *Mapocho* (Jul. 1963): 23.
6   Rojo, "Cómo lee Jaime Concha": párr. 7.
7   Jaime Concha, *Gabriela Mistral*. (Santiago: Ediciones Universidad Alberto Hurtado, 2015), 83-97.
8   Concha, *Gabriela Mistral*, 99.
9   Ibíd., 102.
10 Ibíd., 99.
11 Rojo, "Cómo lee Jaime Concha", párr. 8.

Obras citadas

Bachelard, Gaston. *La poética del espacio*. Ciudad de México: FCE, 1975.

Concha, Jaime. *Gabriela Mistral*. Santiago: Ediciones Universidad Alberto Hurtado, 2015.

—. *Leer a contraluz*. Santiago: Ediciones Universidad Alberto Hurtado, 2011.

—. "Interpretación de *Residencia en la Tierra*". *Mapocho* (Jul. 1963): 5-39.

Rojo, Grínor. "Cómo lee Jaime Concha". *Letras en línea*. Departamento de Literatura UAH, acceso el 17 de mayo de 2016. http://www.letrasenlinea.cl/wp-content/uploads/2012/04/Gr%C3%ADnor-Rojo-C%C3%B3mo-lee-Jaime-Concha1.pdf.

Subercaseaux, Bernardo. "Transformaciones de la crítica literaria en Chile: 1960-1982". *CENECA* (1982): 1-34.

Neruda en el umbral de la crisis de 1956[1]

Greg Dawes
NORTH CAROLINA STATE UNIVERSITY

En un libro reciente, sostengo que las revelaciones de Jruschov en el XX Congreso del PCUS en la Unión Soviética repercuten fuertemente en la cosmovisión de Neruda, incidiendo en su postura comunista y su estética y obligándolo a reconceptualizar ambas esferas[2]. Esta crisis político-estética coincide con la otra crisis que estremece su vida personal, a saber, su ruptura con Delia del Carril y el comienzo de su vida junto a Matilde Urrutia. Todo ello hace que el bardo se desahogue en sus versos, como acostumbra a hacerlo. El esfuerzo por enfrentarse a la crisis se inicia con *Estravagario* (1958), desplegándose de forma velada en el silencio, la muerte, la soledad recuperada, el humor fresco y a veces negro, la ironía, la incertidumbre, la autocrítica, la crítica, y el refugio en el amor de Matilde que predominan en el texto. Su empeño en asumir, absorber y tratar de superar la crisis sigue vigente en *Cien sonetos de amor* (1959), dedicado exclusivamente a Matilde. La dedicación sirve para coronarla, pero también para señalar a las claras que todo, incluso su compromiso político, parte, de ese momento en adelante, de su vida personal. Y no es hasta *Memorial de Isla Negra* (1964) que constata la crisis abiertamente y una postura clara con respecto de ella, concretamente en "El episodio", su primera crítica al estalinismo en este poemario autobiográfico. De ahí en adelante, en obras tales como *Fin de mundo* (1968), *La espada encendida* (1970), *Incitación al nixoncidio y alabanza de la revolución chilena* (1972), y obras postreras, la postura política empieza a registrar una condena del estalinismo, una cierta desilusión con el revisionismo soviético, un vuelco —después del enfoque en la revolución cubana (*Canción de gesta*, 1960)— hacia alternativas socialistas, para desembocar en el socialismo democrático de la Unidad Popular. En el ámbito estético, asevero que se manifiesta una progresión paralela: a partir de *Estravagario*, Neruda empieza a entregarse a la experimentación poética y a asociarse con poetas heterodoxos. Hasta aquí el resumen del argumento de mi libro. Aunque no abordo el caso, pienso que se pueden hallar los rastros del comienzo de dicha crisis, en rigor, en el *Tercer libro de las odas* (1957).

En el umbral

En un principio, el *Tercer libro de las odas* podría leerse como la continuidad de la forma y el contenido de los dos libros anteriores dedicados a la oda. También predominan en este poemario el humor, la ironía, y la autocrítica como herramientas líricas que van esbozando, al decir de Jaime Concha, esa "forma singular [que] equivale a una sinécdoque del cosmos, en la medida en que participa de las fuerzas solidarias de la realidad"[3]. Sean epifanías de objetos orgánicos o inorgánicos, naturales o manufacturados, la "riqueza de las especies, la multiplicidad de las formas constituyen", como señala Concha, "el deleite de los ojos y de los sentidos en general"[4]. Así también en cuanto a la óptica política: estas odas se vinculan aún y en determinados momentos con la inexorable marcha colectiva de la humanidad y el optimismo nerudiano en plena época de la Modernidad[4]. En ese sentido, podríamos decir que varios poemas a lo largo del libro reproducen el esquema estrofa/antiestrofa/epoda que apuntara Jaime Alazraki en el caso del primer poemario y cierran con una respuesta moral y política[5]. Tal vez no sean tan enfáticos ni idealistas con respecto de sus conclusiones políticas, pero siguen el patrón de las odas anteriores.

Sin embargo, el grueso de los poemas en el *Tercer libro de las odas* se aparta de la obra anterior al abordar temas que rara vez se hallan en las primeras odas. Si vemos la arquitectura de este libro de sesenta y seis poemas, según mis cálculos, más de una tercera parte elabora una temática sobre la soledad y la muerte, tres se refieren a Matilde, cuatro versan sobre la poética como tal, y sólo nueve se abocan a lo sociopolítico. El resto de las odas consiste en elogios de objetos orgánicos e inorgánicos. La misma temática desplegada en este poemario, entonces, muestra sin lugar a dudas una transición importante en cuanto a la cosmovisión de Neruda, por no decir la "única gran crisis" a la que se refiere Hernán Loyola[6]. Es evidente que se produce un cambio notorio en su obra que difícilmente puede desvincularse del momento histórico y personal. Tantas meditaciones sobre la muerte y la soledad, lugares geográficos, criaturas dotadas de sentidos y la condición del propio hablante hacen pensar que se empieza a gestar en Neruda una crisis que, como pasa siempre en la obra del vate, se divulga indirectamente en sus versos.

No parece fortuito tampoco que este libro se publicara en 1957, un año después de las revelaciones de Jruschov en el XX Congreso del PCUS y dos años después de la ruptura con Delia. De hecho, se podría inferir que las reflexiones sobre la muerte y la soledad se deben a esa coyuntura político-personal y por ende nos ubican en el umbral de la crisis de 1956. Estamos algo lejos todavía del desahogo inicial de dicha crisis que se puede apreciar en *Estravagario*, poemario en el cual el vate blande la ironía, el sarcasmo, la crítica, la autocrítica y el humor como armas poéticas y se vale del lado juguetón y humorístico brindados por su amor a Matilde para defenderse ante el asedio de la conmoción desatada por la crisis. Más lejos aún del comienzo de la solución a la crisis política que se brinda en "El episodio" en *Memorial de Isla Negra*. No obstante, en el *Tercer libro de las odas* ya se aprecian los efectos iniciales de dicha crisis.

Excursus

Para llegar a esta determinación, es decir, para establecer un vínculo entre el sujeto poético que se proyecta en el *Tercer libro de las odas* y el autor de carne y hueso en que descansa mi argumento, hay que cuestionar la teoría postestructuralista que niega o cree socavada esa relación. Si predomina en la poesía nerudiana una plasmación autobiográfica filtrada siempre por la mediación imperfecta del lenguaje, y si, como ha observado Alain Sicard, "el Yo nerudiano es insoslayable" y el sujeto poético canibaliza del "Yo biográfico", se puede argumentar a favor de la singularidad del sujeto y en contra del relativismo[7]. Esa incertidumbre epistemológica se destaca en particular en los estudios sobre el autor y la autobiografía en boga en los años 70 y 80. Roland Barthes, por ejemplo, considera que la escritura es un sitio "neutro" en que el sujeto se desliza y la identidad se pierde. Una vez narrado un acontecimiento, sostiene el crítico francés, se vuelve intransitivo[8]. A fin de cuentas es "el lenguaje que habla, no el autor" afirma Barthes[10]. Y cierra su ensayo con esa reconocida frase tan en el aire en los años 60: el que ocupa el lugar de la multiplicidad "…es el lector, y no como se ha dicho hasta ahora, el autor"[11]. Se entiende que Barthes trata de contrarrestar la influencia en esta época (1968) del biografismo y ello explica por qué lleva su argumento al extremo y toma posturas hiperbólicas; sin embargo, eso en sí no corrobora sus conclusiones. De hecho, se ve claramente que el lenguaje, siendo primordial según Barthes, no es un campo de mediación dialéctica entre el autor implícito y el lector, sino que es "intransitivo". Como tal, se le confiere al autor únicamente un rol como "una instancia de la escritura"[12]. Si bien esto no deja de ser cierto, subestima el rol del autor. Si siguiéramos esta teoría al pie de la letra, todos los autores —Barthes incluido— tendrían la misma función, y, no se apreciaría el talento y originalidad de determinados escritores, como el mismo Neruda.

Aunque Foucault se refiere a la función del autor en el discurso y pareciera reconocer la presencia y el peso del escritor como tal (la persona de carne y hueso) sin sugerir una equivalencia entre los dos, reitera a su vez la postura hipérbolica de Barthes sobre la muerte o la ausencia del autor, y así pierde de vista el agenciamiento del escritor. Se trata, entonces, de reanudar el lazo con el escritor sin caer en la falacia biográfica. En el caso concreto de Neruda, si bien es cierto, como lo ha señalado María Luisa Fischer, que el poeta inventó "personas poéticas" en su obra, lo hizo, como afirma ella, a base de lo biográfico[9]. Ello no quiere decir, naturalmente, que esos personajes sean un reflejo exacto de Neruda, pero sí que establecen una correspondencia con la persona de carne y hueso. E incluso puede haber una conexión más estrecha entre las "máscaras" que se inventa el poeta y su vida cotidiana[10]. Y eso es lo que sostiene Sicard cuando asevera que "el Yo nerudiano es insoslayable". Es a base de este razonamiento que presento a continuación una interpretación sobre las huellas de la crisis política y vital de Neruda en el *Tercer libro de las odas*.

Hacia una individualidad recuperada

Si el terremoto político que estremeció la vida de Neruda en 1956 se junta con el personal (la ruptura con Delia) es, paradójicamente, la reconquista de la individualidad la que va a permitir que Neruda supere la crisis. Si, como sostienen Robert Pring-Mill y Sicard, en las *Odas elementales* el sujeto poético busca de manera "irrealizable" volverse transparente —sin mediación al aparecer— y, de ese modo, captar las maravillas sociales y naturales que lo rodean, en el *Tercer libro de odas* ya inicia la recuperación de las soledad e individualidad abandonadas prácticamente en la etapa residenciaria[11]. De este libro en adelante, entonces, comienza a re-nombrar la soledad como parte imprescindible en su vida.

Esta restauración del yo como individuo independiente de su quehacer político se elabora, por ejemplo, en "Oda al mes de agosto" en donde, empleando un apóstrofe, vuelve a conectarse con el invierno:

vuelvo
a tu soledad
no
para
ahogarme
en ella,
sino
para
lavarme con tus aguas.[12]

Se aclara, entonces, que no se trata de perderse en la soledad, en la alienación, sino de volver a tomar contacto con su individualidad. Es más: pareciera indicar que este aislamiento puede darle la oportunidad de sobreponerse a algo no nombrado. Y hay que tomar esta postura en cuenta a la hora ponderar las observaciones que siguen a continuación, hacia el final del poema:

Oh
plena potencia,
claridad
despojada de la tierra,
amo
tu abstracta
paz
en los caminos.
Quiero
estar
solo
en medio
de la luz de agosto
y ver
así
sin sangre
por una vez
la vida:
verla
como una
nave
deshabitada
y bella,
sin más aroma que el aire marino
o el invisible de un romero amargo.
Paso a paso,
sin nada:
no hay sino
luna y nieve.
Y ando hasta sin mí
por fin,
en la más clara
claridad de la tierra.[13]

Nuestro impulso inicial es asociar a este sujeto con el "hombre invisible" de las *Odas elementales*, cuyo propósito es justamente el de grabar en su obra el trabajo humano y la labor de la naturaleza, registrando así la teoría del valor, la explotación y la alienación y apuntando hacia su abolición en una sociedad más justa. Pero, ¿cómo cotejar esta parte del poema con la anterior? Lo que queda claro de entrada es que la soledad se concibe como algo positivo que permite que el hablante guarde la ilusión de percibir la vida como una "nave deshabitada / y bella". Por ende, no estamos ante la alienación perniciosa y objetiva que el sujeto residenciario percibe en la naturaleza y la sociedad moderna. Tampoco nos encontramos en el terreno del hablante de las *Odas elementales* que proclamaba: "yo quiero / que todos vivan / en mi vida / y canten en mi canto, / yo no tengo importancia, / no tengo tiempo / para mis asuntos". De manera parecida, "Oda al camino", que hace eco sin duda del reconocido poema "Caminante no hay camino" de Antonio Machado, articula otra conceptualización de la individualidad. A diferencia del hombre invisible que se desborda y se vuelca hacia el compromiso político a expensas del yo, este desea

>Andar alguna vez
>sólo
>por eso!
>Vivir la temblorosa
>pulsación del camino
>con las respiraciones sumergidas
>del campo en el invierno:
>caminar para ser, sin otro
>rumbo
>que la propia vida,
>y como, junto al árbol,
>multitud
>del viento
>trajo zarzas, semillas,
>lianas, enredaderas,
>así, junto a sus pasos,
>va creciendo la tierra.[14]

¿Abandonarse entonces al aislamiento, a la alienación? No, porque, como lo indica el hablante con anterioridad, las "soledades cierran / sus ojos / y sus bocas / sólo / al transitorio, al fugaz, al dormido. Yo voy despierto"[15]. Despierto, consciente de que *está eligiendo* la soledad —percibida como regeneradora— como para volver a gozar la vida pero sin entregarse en ningún momento al individualismo y a la enajenación. El redescubrimiento de la naturaleza y su lazo "orgánico" —diría el joven Marx— hace que vuelva a examinarse:

> Ah viajero,
> no es niebla,
> ni silencio,
> ni muerte,
> lo que viaja contigo,
> sino
> tú mismo con tus muchas vidas.
> Así es como, a caballo,
> cruzando
> colinas y praderas,
> en invierno,
> una vez más me equivoqué:
> creía
> caminar por los caminos:
> no era verdad,
> porque
> a través de mi alma
> fui viajero
> y regresé
> cuando no tuve
> ya secretos
> para la tierra
> y
> ella
> los repetía con su idioma.[16]

Momento de reflexión y de búsqueda, el problema que lo aqueja es psicológico: se trata de un viaje hacia adentro, de retrotraerse y buscar su voz poética y su razón de ser de nuevo. En esta y otras odas en que asoma la soledad, se retrata como un autoexilio deseado que le brinda la posibilidad de rehabilitarse. No obstante, los últimos versos del poema bien pueden apuntar hacia la muerte como punto de enfoque o de fijación: "De una manera o de otra / hablamos o callamos / con la tierra"[17]. Por un lado, cabe la posibilidad de interpretar estos versos como expresión metafórica de la vida o la muerte, y de igual modo nuestro destino final que es el fallecimiento. Por otro lado, tal vez se esté refiriendo al silencio que se guarda en determinados momentos en contacto con la tierra. El caso es que la soledad tal y como se concibe en este poemario linda con la muerte.

La presencia de la muerte

Y esa tendencia traba un vínculo con las odas en que el sujeto presencia o se imagina la muerte en otros seres. Es ese el caso de la "Oda a un gran atún en el mercado". "En el mercado verde", reza la primera estrofa, "bala / del profundo / océano, / proyectil / natatorio, / te vi, / muerto". El atún despierta en el poeta la imagen de un ser, un "proyectil natatorio", que viene "de lo desconocido, / de la / insondable / sombra, / agua / profunda" y sólo ese atún, paradójicamente, sobrevivía. Hemos de entender que sobrevive "alquitranado, barnizado" y como "testigo / de la profunda noche"[18]. Antítesis que se profundiza cuando se comenta que esta "bala oscura / del abismo" siempre está "renaciendo", "circulando en la velocidad" y explorando la muerte. Aunque es un "despojo muerto", al decir del vate, pareciera recobrar la vida, pareciera encarnar la vida que fue:

>como si tú fueras
>embarcación del viento,
>la única
>y pura
>máquina
>marina:
>intacta navegando
>las aguas de la muerte.[19]

Se cierra así la asociación entre el océano y el fallecimiento y, con este remate, la oda se vuelve una meditación sobre la muerte. Viajero que rozaba la muerte a diario, que era parte vital de su existencia, el atún se vuelve "despojo muerto" que, sin embargo, al estar íntegro emana la vida que lo impulsaba.

Parecida es la "Oda a un albatros viajero" al ser una consideración sobre la vida y muerte de esa ave. El punto de partida es la imagen de un gran albatros que

> cayó
> en las húmedas
> arenas.
> En este
> mes
> opaco, en
> este día
> de otoño plateado
> y lloviznero,
> parecido
> a una red
> con peces fríos
> y agua
> de mar.
> Aquí
> cayó
> muriendo
> el ave magna.[20]

De ahí pasa a una serie de preguntas: "Por qué? Por qué? Qué sal, qué ola, qué viento / buscó en el mar? / Qué levantó su fuerza / contra todo / el espacio? / Por qué su poderío en las más duras / soledades?"[21] Siguen a continuación conjeturas con respecto del viaje del albatros. En ese sentido, llaman la atención estos versos: "y el albatros errante / en la interplanetaria / parábola / del victorioso vuelo / no encontró sino días, / noches, agua, / soledades, / espacio"[22]. Pareciera ser, entonces, un viaje infructuoso —rematado con el asíndeton— que pese a la majestad y al empeño de esta ave termina con el enfrentamiento con la soledad y la muerte. A los ojos del hablante, su viaje solitario y sin embargo digno no se conmemora sino que pareciera pasar al anonimato. De ahí que no vayan a erigirle una estatua a este "héroe" pero sí a aquellos que participaron en la guerra y mataron a ciudadanos inocentes, que destruyeron colegios, que expropiaron "las tierras de los indios", y aquellos que, a nivel simbólico cazaron palomas y exterminaron "cisnes negros"[23]. Por eso mismo Neruda busca rescatar a este "rey del viento" para elogiarlo y conmemorarlo en su oda. Pero también va más allá de la observación y meditación sobre el albatros que encuentra muerto; se trata de un retrato que deja entrever las costuras entre la vida de este animal y la de los seres humanos. Antropomorfiza a esta ave al tomar en cuenta el hallazgo de las soledades, tanto en la geografía chilena como en su propia conciencia, al considerar, en otro momento del poema, que alberga una antitética "profecía muda" y al proyectarla como héroe[24]. Los versos que cierran el poema, sin embargo, elaboran una similitud con el sujeto poético, vale decir, con la auto imagen que se crea el poeta: "Oh capitán oscuro, / derrotado en mi patria, / ojalá que tus alas / orgullosas / sigan volando sobre / la ola final, la ola de la muerte"[25]. Por una parte, la referencia muy clara para todo lector de la obra de Neruda al "capitán", auto denominación del yo que se proyecta en varias obras del poeta. Imposible no pensar en la figura del capitán y del héroe en sus poemarios, en lo que Hernán Loyola estima que es su etapa moderna. Por otra parte, si el poema mismo establece los lazos entre esta ave y Neruda, también destaca las dudas que empiezan a incidir en su auto imagen a partir de la crisis de 1956: las preguntas que plantea, el retrato de un héroe "derrotado" que "ojalá" pueda seguir "volando sobre / la ola final, la ola de la muerte". La insistente presencia de la muerte en sí diverge de la etapa en su *oeuvre* que va de la *Tercera residencia* al primer libro de las odas.

El yo y la muerte

La fragilidad y vulnerabilidad del sujeto poético se hace patente en particular en los poemas que abordan el tema de la muerte desde el punto de vista del yo. En ellos se aprecia el impacto directo de la muerte en el hablante. Ese es el caso, por ejemplo, de "Oda a un camión colorado cargado con toneles". Versos que recuerdan el poema "El pájaro" de Octavio Paz, comienza con la representación de lo que parece ser una naturaleza muerta. El sujeto se halla en medio de y, a juzgar por la personificación, en armonía con la naturaleza:

> En impreciso
> vapor, aroma o agua,
> sumergió
> los cabellos del día:
> errante dolor,
> campana
> o corazón de humo,
> todo fue envuelto
> en ese deshabitado hangar,
> todo
> confundió sus colores.[26]

Especie de conversación en que el que cuenta la historia le advierte a su interlocutor que "espere" y que "no se asuste", y al reiterar esas frases nos va preparando para un cambio radical, que se marca a continuación: "Entonces / como un toro / atravesó el otoño / un camión colorado / cargado con toneles"[27]. "Instantánea, iracundo", agrega unos versos más abajo, "preciso y turbulento, / trepidante y ardiente / pasó / como una estrella colorado". Y este acontecimiento, naturalmente, altera al hablante y su percepción de la naturaleza y su vida: "todo cambió: / los árboles, la inmóvil / soledad, el cielo / y sus metales moribundos / volvieron a existir"[28]. Curiosa yuxtaposición dialéctica: lo que vuelve a existir es la "inmóvil soledad" y los "metales moribundos" junto con "los árboles" y "el cielo", es decir, la coexistencia entre la vida y la muerte. El acontecimiento fue, nos cuenta a continuación, "como si desde el frío de la muerte / un meteoro / surgiera y me golpeara / mostrándome / en su esplendor colérico / la vida"[29]. Compenetración dialéctica de los términos "esplendor" y "colérico", en esta oda el hablante se enfrenta con la vida y la muerte en un instante, y se aferra a la vida en una rearticulación del clásico tema del *carpe diem*. Pero vale la pena subrayar el hecho que el sujeto estaba en sintonía con esa naturaleza que ofrecía su inmovilidad y sus metales moribundos hasta que el acto del camión lo despertó y "acumuló / en mi pecho / desbordante / alegría / y energía"[30].

En "Oda al tiempo venidero" se recalca el enfrentamiento con la muerte y se estalece un contraste abrupto con la maravillosa "Oda al tiempo" del primer libro. Si en el primer poema se celebraba cómo el tiempo fluía en el hablante y su amada, en éste el tiempo pesa, se va acumulando en él, encaminándolo hacia la muerte, y presentándolo con más incertidumbres que certezas. De esa manera lo describe en la estrofa primera:

> Tiempo, me llamas. Antes
> eras
> espacio puro,
> ancha pradera.
> Hoy
> hilo o gota
> eres,
> luz delgada
> que corre como liebre hacia las zarzas
> de la cóncava noche.[31]

Si en "Oda al tiempo" el tiempo se percibía como río que corría dentro de la pareja y la unía pese a que, simultáneamente, se describía en la tercera persona y por lo tanto como una fuerza externa, en este caso, en cambio, el tiempo personificado y apostrófico acecha al hablante y a nadie más. Si antes era la encarnación del amor y de esa "victoria de un solo ser final bajo la tierra"[32], ahora establece su dominio por sobre el sujeto al delimitar enormemente el tiempo disponible. Del tiempo concebido como "espacio puro" pasamos al "hilo o gota". Ahora el tiempo le dice: "tus pasos apresura, / tu corazón reposa, / desarrolla tu canto"[33]. Y esto siembra dudas en el sujeto poético: "El mismo soy. No soy? Quién, en el cauce / de las aguas que corren / identifica el río"[34]. Referencia indudable a Heráclito, se van borrando las orillas entre la juventud y la mediana edad, encauzando el tiempo por una sola y fina vía. De ahí el yo enfatiza la continuidad en su vida a pesar del paso del tiempo y dos estrofas más abajo presenta una suerte de desafío al tiempo: "Así, pues, tiempo, en vano / me has medido, / en vano transcurriste / adelantando / caminos al errante"[35]. Sin embargo, reconoce que el equilibrio favorece al tiempo no obstante su convicción de que es y siempre ha sido el mismo: "como animal que corre / perdiéndose en la sombra / me dices, / al oído, / lo que no me enseñaste / supe siempre"[36]. Versos que nos recuerdan de los de "Oda al tiempo": "El tiempo es decidido, / no suena su campana, / se acrecienta, camina, / por dentro de nosotros"[37].

La persistencia de la voz de las Odas elementales

En este y otros muchos poemas del *Tercer libro de odas* el tema de la soledad y la muerte se impone, deja su huella imborrable en el poemario. Como decía al inicio, más de una tercera parte de las odas remite a esos asuntos algo sorpresivos si se te cotejan con el primer libro de las odas. Sin embargo, para establecer convincentemente que este libro marca una transición definitiva provocada por la crisis de 1956 habría que tomar en cuenta los poemas que se asemejan a varios de las *Odas elementales*. En "Oda a la ciruela", por ejemplo, poema largo que se empareja con los poemas posteriores dedicados a recuperar memorias de su infancia en *Memorial de Isla Negra*, la celebra, pero en el contexto determinado de su infancia:

> Hacia la cordillera
> los caminos
> viejos
> iban cercados
> por ciruelos,
> y a través
> de la pompa
> del follaje,
> la verde, la morada
> población de las frutas
> traslucía
> sus ágatas ovales,
> sus crecientes pezones
> en el suelo
> las charcas
> reflejaban
> la intensidad
> del duro
> firmamento:

el aire
era una
flor
total y abierta.[38]

Desde el comienzo del poema, en que no se aprecia aun la presencia del hablante, la ciruela —personificada— se ubica en su ecosistema natural pero lo acapara al envolverlo en su aroma. Inmaduras o maduras, se comparan con "ágatas verdes" y con "crecientes pezones". Acto seguido, se introduce al sujeto poético:

Yo, pequeño
poeta
con los primeros
ojos
de la vida,
iba sobre
el caballo
balanceado
bajo la arboladura
de ciruelos.[39]

Este contacto es el que le permite otorgarle más peso aún a la ciruela. "Pude aspirar", agrega a continuación, "en un ramo, / en una rama, / el aroma del mundo, / su clave cristalino"[40]. De esa manera la ciruela opera como sinécdoque de la experiencia inhalada y hallada. Desde entonces, nos dice el hablante, todo dejó en su memoria "olor / y transparencia / de ciruela: / la vida ovaló en una copa / su claridad, su sombra, su frescura"[41]. El ambiente y la experiencia sensorial del sujeto se ven inundados de la hipnótica ciruela. Así las cosas, la visión que ofrece el bardo es parecida a la de las *Odas elementales*: se trata de una alabanza y celebración de este elemento natural que deja al sujeto ebrio de su presencia, aspecto que se aprecia en estos versos:

Oh beso
de la boca
en la ciruela,
dientes
y labios

llenos
del ámbar oloroso,
de la líquida
luz de la ciruela![42]

Esto lo remite al pasado nuevamente para volver a trazar su encuentro con los ciruelos, pero también para reflexionar sobre el paso del tiempo porque ya no es "aquel niño" que se empapó del aroma y del gusto de las ciruelas. Sin embargo, esta fruta tiene el poder de transportarlo a su infancia:

Pero, otra vez,
otra vez
vuelvo
a ser
aquel niño silvestre
cuando
en la mano levanto
una ciruela.[43]

Y eso lo lleva a levantar la ciruela como una "pequeña copa" —imagen recurrente en la obra de Neruda— para beber y brindar la vida con el otro, con el lector. "No sé quién eres", cierra el poema, "pero / dejo en tu corazón / una ciruela"[44]. En suma, no es difícil ver el parecido entre esta oda y, digamos, "Oda a cebolla", "Oda al tomate", o bien "Oda al vino"[45].

En "Oda a la naranja" hay una variación que se produce respecto de las odas. Si los poemas en *Odas elementales* arrancan con la fruta o verdura para entonces establecer vínculos entre el elemento orgánico y las relaciones sociales que se posibilitan gracias a la fruta o verdura, en esta oda elogiar la naranja es alabar el mundo por la analogía que emplea. La comparación se establece desde el comienzo del poema:

A semejanza tuya,
a tu imagen,
naranja,
se hizo el mundo:
redondo el sol, rodeado
por cáscaras de fuego:
la noche consteló con azahares

su rumbo y su navío.
Así fue y así fuimos,
oh tierra,
descubriéndote,
planeta anaranjado.
Somos los rayos de una sola rueda
divididos
como lingotes de oro
y alcanzando con trenes y ríos
la insólita unidad de la naranja.[46]

El planeta se va asociando con el sol que a su vez se vincula con la naranja apostrófica. El sol, por su parte, está rodeado de "cáscaras de fuego" y los seres humanos son "rayos" de "una sola rueda". La naranja copia la forma esférica del sol y los matices anaranjados que emite el sol cuando se levanta o se pone —de ahí que la comparación se haga factible. Pero las flores blancas del naranjo también pueblan el cielo nocturno asemejándose a las estrellas. De ese modo, la naranja engloba el día y la noche y se mimetiza con La Tierra. Esa síntesis de la naranja y el mundo se subraya en los últimos versos señalados arriba. Haciendo una referencia a la naranja partida el poeta encuentra que se parece a una rueda en que estamos "divididos" pese a la unidad que brinda la naranja, brecha que se puede remediar con "trenes" y "ríos", imagen que hace imposible distinguir el planeta de la naranja.

En la segunda estrofa, pasa a la singularidad del contexto chileno para confirmar que el planeta es una naranja, "una fruta de fuego"[47]:

Patria
mía,
amarilla
cabellera,
espada del otoño,
cuando
a tu luz
retorno,
a la desierta
zona
del salitre lunario,
a las aristas

desgarradoras
del metal andino...⁴⁸

Se refiere a la región en que se siente más la presencia de los rayos del sol —el desierto Atacama— para entonces pasar a los habitantes y el ambiente. De lo concreto pasa a lo general: el planeta, a pesar de su diversidad o bien por ella, es una sola unidad que se parece a la naranja, ahora personificada. Y eso se recalca en la siguiente estrofa:

En tu piel se reúnen
los países
unidos
como sectores de una sola fruta,
y Chile, a tu costado,
eléctrico,
encendido
sobre
los follajes azules
del Pacífico
es un largo recinto de naranjos.⁴⁹

Lleno de naranjos y de naranjas del Valle Central que se consumen y se exportan, Chile participa de la unidad, de "una sola fruta" que es el mundo. De Chile vuelve a referirse al mundo como tal en la última estrofa:

Anaranjada sea
la luz
de cada
día,
y el corazón del hombre,
sus racimos,
ácido y dulce sea:
manantial de frescura
que tenga y que preserve
la misteriosa
sencillez
de la tierra
y la pura unidad
de una naranja.⁵⁰

En una especie de eco de una oración, se alaba la luz, la dulzura, la acidez, y la frescura del jugo (la emanación) de la naranja, señalando así su parecido geométrico al sol por un lado —el exterior— y su manera de satisfacer al ser humano, que se ha mimetizado con la naranja (el corazón del hombre es anaranjado y está lleno de esperanza). De esa manera, la naranja encierra la esencia del ser humano y el mundo, así como la insólita diversidad y particularidad geográfica y humana. No estamos lejos de "Oda a la sencillez", "Oda al tomate" u "Oda a la cebolla"[51]. No hay rastro en este caso de la soledad alienante, el enfrentamiento con la muerte ni vestigios de una crisis que se aproxime. Se trata de proyectar una imagen de la totalidad del mundo en su encarnación natural y social y de captar el optimismo tan típico de las *Odas elementales* sobre la condición humana.

Pero, volviendo al *Tercer libro de las odas*, tenemos que tener presente que poemas así figuran como parte mínima del poemario y el grueso de los poemas gira en torno a temas lúgubres que remiten, a mi juicio, a la crisis con la que se encara en 1956. En realidad, presenciamos una lucha interna entre el Neruda que valora el progreso y el optimismo asociados con el socialismo real y que suprime su individualidad, y el que busca recuperar su individualidad gracias a Matilde y su introspección, y que se va encaminando, a la larga, hacia el socialismo democrático de la Unidad Popular. La batalla mortal del vate —ese "tiempo decidido"— que se registra en este libro entonces, y lo que podríamos llamar su muerte simbólica, provocadas ambas por la crisis de 1956, resultan ser momentos en la dialéctica que lo llevarán, a este comunista, por el camino de la crítica y la autocrítica y hacia otro tipo de Ciudad Futura.

Notas

1   Le agradezco a Pedro Salas Camus los comentarios sobre este artículo.
2   Ver Greg Dawes, *Multiforme y comprometido. Neruda después de 1956* (Santiago: RIL Editores, 2014).
3   Jaime Concha, "Introducción" en Pablo Neruda, *Odas elementales* (Madrid: Ediciones Cátedra, 1999), 45.Ibíd.

4   Sigo aquí la periodización que emplea Hernán Loyola, en que distingue entre el Neruda Moderno (hasta 1956) y el Neruda Posmoderno (a partir de esa fecha). Véase "Neruda posmoderno," *A Contracorriente*, vol. 6, no. 1 (Fall 2008): 1-14.
5   Jaime Alazraki, "Observaciones sobre la estructura de la oda elemental." *Mester*. Vol. 4, Núm. 2 (1974): 97.
6   Hernán Loyola, "Guía a esta sección de Neruda (nota al texto)" en *Pablo Neruda, Antología general* (Lima: Real Academia Española, 2010), CI. Ver las páginas LXXXV-CX.
7   Véase Alain Sicard, "El yo nerudiano" en *El mar y la ceniza. Nuevas aproximaciones a la poesía de Pablo Neruda* (Santiago: LOM Editores, 2011), 39-50. Hernán Loyola, "El ciclo nerudiano 1958-1967: tres aspectos", Anales de la Universidad de Chile, año 129, no. 157-160 (1971): 248.
8   Roland Barthes, "The Death of the Author," in *Image-Music-Text* (Nueva York: Hill and Wang, 1978), 142.Ibíd., 143.Ibíd., 148.Ibíd., 145.
9   María Luisa Fischer, *Neruda: construcción y legados de una figura cultural* (Santiago de Chile: Editorial Universitaria, 2008).
10 Me refiero el concepto al que se refiere Octavio Paz en "Máscaras mexicanas" en *El laberinto de la soledad*. 2a ed. (México: Fondo de Cultura Económica, [1950] 1998), 10-17. En este caso, se trataría del vínculo —estrecho o suelto— entre el escritor y la persona (el "yo") que aparece en sus obras.
11 R.D.F. Pring-Mill, "El Neruda de las *Odas elementales*" en *Coloquio Internacional sobre Pablo Neruda (la obra posterior a Canto general)*, ed. Alain Sicard (Poitiers: Centre de Recherches Latinoamericaines, 1979): 279.
12 Pablo Neruda, *Nuevas odas elementales/Tercer libro de las odas*, edición y notas por Hernán Loyola. Prólogo Sergio Ramírez (Buenos Aires: Debolsillo, 2003), 205.
13 Ibíd., 206-207.
14 Pablo Neruda, *Nuevas odas elementales/Tercer libro de las odas*, 253.
15 Ibíd., 252.
16 Ibíd., 254.
17 Ibíd., 254.
18 Ibíd., 225.
19 Ibíd., 227.
20 Ibíd., 208-209.
21 Ibíd., 209.
22 Ibíd., 210.

23 Ibíd., 212.
24 Ibíd., 211.
25 Ibíd., 213.
26 Ibíd., 254.
27 Ibíd., 255.
28 Ibíd., 256.
29 Ibíd., 257.
30 Ibíd., 257.
31 Ibíd., 371.
32 Pablo Neruda, *Odas elementales*, 243.
33 Pablo Neruda, *Nuevas odas elementales/Tercer libro de las odas*, 371.
34 Ibíd., 371.
35 Ibíd., 372.
36 Ibíd., 372.
37 Pablo Neruda, *Odas elementales*, 242.
38 Pablo Neruda, *Nuevas odas elementales/Tercer libro de las odas*, 268-269.
39 Ibíd., 269.
40 Ibíd., 269.
41 Ibíd., 170.
42 Ibíd., 170.
43 Ibíd., 171.
44 Ibíd., 172.
45 Ver las *Odas elementales*.
46 Ibíd., 333-334.
47 Ibíd., 335.
48 Ibíd., 334.
49 Ibíd., 335.
50 Ibíd., 335.
51 Poemas de las *Odas elementales*.

Bibliografía

Alazraki, Jaime. "Observaciones sobre la estructura de la oda elemental". *Mester* vol. 4, no. 2 (1974): 94-102.

Barthes, Roland. "The Death of the Author". En *Image-Music-Text*. Nueva York: Hill and Wang, 1978.

Concha, Jaime. Introducción a *Odas elementales* de Pablo Neruda, 15-56. Madrid: Ediciones Cátedra, 1999.

Dawes, Greg. *Multiforme y comprometido. Neruda después de 1956*. Santiago de Chile: RIL Editores, 2014.

Fischer, María Luisa. *Neruda: construcción y legados de una figura cultural*. Santiago de Chile: Editorial Universitaria, 2008.

Foucault, Michel. "What is an Author?" En *Language, Counter-Memory, Practice*. Edited by Donald F. Bouchard, 124-127. Ithaca, Nueva York: Cornell University Press, 1977.

Loyola, Hernán. "El ciclo nerudiano 1958-1967: tres aspectos". En *Anales de la Universidad de Chile* año 129, no. 157-160 (1971): 235-253.

—. "Guía a esta sección de Neruda (nota al texto)". En *Pablo Neruda, Antología general*. Lima: Real Academia Española, 2010. LXXXV-CX

—. "Neruda posmoderno". *A Contracorriente*, vol. 6, no. 1 (Fall 2008): 1-14.

Neruda, Pablo. *Nuevas odas elementales/Tercer libro de las odas*, edición y notas por Hernán Loyola. Prólogo Sergio Ramírez. Buenos Aires: Debolsillo, 2003.

—. *Odas elementales*. Sexta edición. Barcelona: Bruguera, [1954] 1986.

Paz, Octavio. *El laberinto de la soledad*. 2a edición. México: Fondo de Cultura Económica, [1950] 1998.

Pring-Mill, R.D.F. "El Neruda de las *Odas elementales*". En *Coloquio Internacional sobre Pablo Neruda (la obra posterior a* Canto general*)*. Editado por Alain Sicard, 261-300. Poitiers: Centre de Recherches Latinoamericaines, 1979.

Sicard, Alain. *El mar y la ceniza. Nuevas aproximaciones a la poesía de Pablo Neruda*. Santiago: LOM Editores, 2011.

IV. Irradiaciones

¿PUEDE SER LA CRÍTICA UNA PRÁCTICA MILITANTE?

John Beverley
UNIVERSITY OF PITTSBURGH

La noción que la crítica literaria y cultural pueda constituir una práctica militante involucra quizás un malentendido, típico de las lecturas demasiado superficiales y rápidas de la filosofía de nuestro tiempo por los escritores y críticos literarios. Pero fue —y es— un malentendido productivo. Como observó Paul de Man acerca de las *Confesiones* de Rousseau:

> Como cualquier otro lector, Rousseau está condenado a leer mal a su propio texto como la promesa de un cambio político. El error no está en el lector sino en el lenguaje mismo (...). Al punto que es necesariamente performativo, el lenguaje igualmente necesariamente conlleva la promesa de su propia verdad. Esta es la razón por la cual alegorías textuales a este nivel de complejidad retorica no solo representan sino generan la historia (la traducción es mía)[1].

De Man alude aquí, en cuanto a la idea de "generar la historia", a la influencia de Rousseau y, en particular, de las *Confesiones*, en las revoluciones americana y francesa. La noción de una crítica militante latinoamericanista está, por su lado, ligada al auge radical en las Américas de los sesenta y los setenta que surge del triunfo de la Revolución Cubana en 1959.

Los que formamos el brazo académico de la llamada generación de los sesenta pasamos, al final de esa década de la crítica literaria tradicional, al territorio todavía incognito de la "teoría". La tentación de lo que el crítico norteamericano Jonathan Culler llamó "el género de la teoría" consistía en que representaba no solo una manera de pensar sobre la política, sino una forma de *hacer* política.

Lo que favorecía esta propuesta, además de fuertes dosis de Freud, Marx, y drogas alucinógenas, era, sobre todo, el radicalismo nominalista implícito en la doctrina estructuralista de la naturaleza arbitraria del signo lingüístico o semiótico. Según Saussure, el fundador de la lingüística estructural, lo que era arbitrario en el signo lingüístico no era solamente el hecho de que tal o cual conjunto de fonemas —distinto en distintos idiomas— (el significante) representase tal o cual objeto o instancia no distinta, sino constante en distintos idiomas (el significado): *horse* para 'caballo', o *red* para 'rojo', por ejemplo (discúlpenme la vulgarización). El signo lingüístico también "cortaba" —el concepto de cortar es de Saussure, y lo recuerdo aquí por su sugerencia de violencia, de actuar sobre algo materialmente— de manera arbitraria el plano semióticamente indeterminado de lo Real, produciendo así —simultáneamente— el concepto y la experiencia de 'rojo' o 'caballo'. Por un camino parecido iba el famoso dictamen de Wittgenstein que los límites de nuestro lenguaje son los límites de nuestro mundo.

Si los estructuralistas tenían razón, entonces, no solo nuestra manera de percibir las "cosas" del mundo —las *res*—, sino también su identidad como cosas o estados dependían del sistema semiótico o *langue* en el cual estábamos inmersos. Y ese sistema no funcionaba por identificaciones positivas, sino por una red o un entretejido de *negaciones*: es decir, 'rojo' era por un lado no 'naranja' y por otro no 'marrón'. Y 'marrón' y 'naranja,' 'río' y 'lago,' ser y estar así también. Más aún, nuestra propia identidad como sujetos conscientes del mundo y de estas distinciones era un "efecto del significante", como se solía decir. De allí, que el estructuralismo constituía —así por lo menos creíamos— no solo una nueva manera de pensar la superestructura social de creencias, mitos, religiones, prohibiciones, leyes, prácticas artísticas, etcétera, sino que cancelaba, en parte, la distinción tradicional marxista entre la base (económica, social) y la superestructura (cultural, legal, ideológica). El texto fundamental aquí fue el ensayo de Raymond Williams, "Base y superestructura en la teoría marxista", en que Williams habla explícitamente de un "materialismo cultural". El sistema de significantes —la *langue*— no solo reflejaba o representaba las distinciones de un mundo social preexistente: era en sí productor de esas distinciones. Lo social era, también, como la ilusión de nuestra propia subjetividad cognitiva, un "efecto del significante" (como se sabe, esta aseveración fue la base de la obra de Ernesto Laclau).

El radicalismo epistemológico de la doctrina estructuralista coincidió en los sesenta con la explosión de una serie de luchas sociales, entre ellas las guerras anticoloniales o antimperialistas en Argelia, Vietnam y Laos, y varios países de África, la Gran Revolución Cultural en China, y la radicalización de América Latina después de la Revolución cubana, representada sobre todo (pero no exclusivamente) por la lucha armada. Pero también coincidió con el surgimiento de movimientos sociales de un nuevo tipo dentro de la metrópolis imperial —de estudiantes, de reivindicación étnica, ecologista o anti-nucleares, de derechos civiles, los hippies, movimientos feministas o de mujeres, o gays y transexuales, o nuevos sindicatos de trabajadores postindustriales. A finales de la década de los sesenta, la idea de una transformación revolucionaria a nivel mundial todavía parecía posible y, para algunos, inminente.

Lo que marcó esta coyuntura era la exaltación de cierta violencia —en primer lugar, la idea de una violencia revolucionaria, como en el mayo de 68 en Francia, o en las varias propuestas de lucha armada, muchas, pero no todas, desastrosas. Pero la violencia no estaba ausente en la teoría y la crítica, aun cuando ésta se mantuvo refugiada en la academia. Todo lo opuesto, la teoría y la crítica en sí actuaban como una forma de violencia radical dentro del estamento académico-literario, para desplazar estamentos disciplinarios o epistemológicos ya considerados represivos o reaccionarios, o simplemente pasados de moda. Se hablaba mucho de "ruptura" o "corte" epistemológico.

Aún más, el auge de la "teoría" puede ser visto no solo como coincidente con las luchas anti-coloniales de esa época, sino como el *efecto* de la descolonización en los centros de saber de la antigua metrópoli colonial-imperialista. Fundamental en este sentido fue el libro de Fanón, *Los condenados de la tierra,* con su famoso capítulo primero sobre la necesidad de la violencia en los procesos de descolonización. Es decir, aunque producida inicialmente en o desde Europa con la falsa universalización de la cultura europea, y dentro de las escuelas y universidades, la teoría obedecía a una voluntad histórica post-europea y postcolonial. Lo postcolonial en este sentido no fue la consecuencia de la teoría, sino su precondición.

Voy a hablar aquí brevemente, como ejemplo de una práctica de crítica militante en particular, del caso de la promoción del testimonio, fenómeno que atraviesa el campo de la crítica literaria latinoamericana sobre todo en los noventa. Aunque ocurre precisamente después de la derrota del auge revolucionario en América Latina, el tema del testimonio combina, en cierto sentido, dos aspectos del giro de la teoría y del ultra radicalismo político de los sesenta: la noción de violencia, y la idea de militancia.

No es que el testimonio llegue en los noventa como un fenómeno nuevo —en los sesenta se producían y se discutían muchos textos de este tipo y el centro cultural cubano, Casa de las Américas, ofrecía, desde 1973, un premio en esta categoría—, pero adquiere una nueva densidad conceptual y a la vez militante en el contexto de los noventa.

En el campo de los derechos humanos y las ONGs, y en las políticas de los nuevos movimientos sociales, el testimonio funcionaba —todavía funciona— como una representación fidedigna pero desfamiliarizadora de lo social y lo histórico. Instala con esto una nueva dinámica ética: ¿Cómo responder a una voz que habla desde una situación de desamparo, dolor, peligro, subalternidad? Pero su función en el campo de la crítica y de las pedagogías literaria y cultural no se debe tanto a esta capacidad *representativa*. Gran parte de la discusión del testimonio, en particular cuando procura cruzar las ciencias sociales, el periodismo y el campo de la crítica literaria se ha malogrado en este punto (me refiero sobre todo a las acusaciones de David Stoll contra Rigoberta Menchú, y el debate resultante). En cierto sentido, la celebración del testimonio en la crítica fue un acto performativo, estético, —un acto de interrumpir, de desarticular los paradigmas dominantes en el campo de los estudios literarios— localizado, de una forma casi voluntarista por críticos de tendencia militante (me incluyo, por supuesto, en esta categoría), dentro de la literatura y de los estudios literarios; algo que aparece a su margen y que, por muchas décadas, estuvo contento de permanecer en ese margen.

Para estar claro sobre este punto, el efecto radicalizador, violento, del testimonio en el campo académico dependía no tanto de su *contenido* —sabemos que hay una relación cercana entre testimonio, lucha política y represión política—, sino de su *forma*, de su carácter como un género no literario, narrado (muchas veces oralmente) por un sujeto subalterno-popular, pero ahora repentinamente colocado dentro de la literatura. Para este efecto, es igual la narración de una prostituta o de un drogadicto que la narrativa de un guerrillero o preso político. El testimonio introduce en el campo de la literatura la presencia de una violencia vivencial: una especie de materialidad de voz y cuerpo. Un cuerpo sufriente, hambriento, torturado, enloquecido. Pero la violencia del testimonio no consiste solo en eso. Sabemos muy bien que las experiencias de la tortura o la locura pueden ser a veces más profundamente representadas por una narración ficcional o poética que por un testimonio directo. Menciono aquí las narrativas de Diamela Eltit. La violencia del testimonio —lo que hace del tema del testimonio una forma de militancia dentro de la crítica— es su efecto sobre el sistema en sí —la *langue*— de la literatura. El testimonio desplazaba o descentraba la subjetividad burguesa implícita tanto en la producción como en la recepción y crítica de la literatura. Era una especie de intruso en la "ciudad letrada" y la fiesta del *boom* latinoamericano. *Insistía*, como el síntoma de una neurosis.

Mi propósito aquí no es defender o propagar de nuevo el tema del testimonio. Es un tópico ya bastante conocido y discutido entre nosotros. Todos reconocemos hoy que hay, por supuesto, muchas ambigüedades en el "efecto de lo real" —para tomar prestado el concepto de Rolando Barthes— que el testimonio ofrecía acceso directo a una voz e experiencia vivencial subalterna. Y podemos estar de acuerdo que quizás la fuerza explícitamente estética o literaria del testimonio se ha agotado, precisamente por un proceso de familiarización que ocurre con toda forma de arte modernista o vanguardista. Ya no produce el *ostranenie* o "efecto estético" de que hablaban los formalistas rusos. Para acercarse a la inmediatez de la voz testimonial, a su impacto ético y político, la generación joven se ve obligada a deshacer el testimonio en el mismo acto de componerlo —menciono la película argentina *Los rubios* de Albertina Carri, sobre sus padres montoneros desaparecidos, en este sentido, e invito una comparación con películas o narrativas testimoniales contemporáneas más convencionales.

Para hablar en franco, estamos un poco hartos del testimonio. Sin embargo, creo que podemos aceptar que el testimonio fue una intervención que abrió el campo de la literatura y el cine a una expresividad popular, igualitaria. Ahora bien, el meollo de una práctica militante es la igualdad. La igualdad surge desde abajo, por supuesto, pero también de la noción en sí de la arbitrariedad del signo, del carácter "convencional" —el concepto es de Rousseau— de las distinciones que producen o subyacen relaciones de desigualdad. La línea de una crítica militante debe orientarse siempre en la dirección de la igualdad. Y esa dirección es siempre desnivelizadora, deconstructiva, desfamiliarizadora, aun de sus propios logros. De allí la superabundancia de los *posts*, entre los cuales tendríamos que añadir hoy el post-testimonio. El fracaso o el *impasse* de ese compañero (o rival) filosófico-crítico del testimonio que fue la deconstrucción se debe precisamente a su incapacidad —una incapacidad lúcida, honesta, hay que decir— de aliarse con una posición igualitaria, popular, nacional-popular.

Podríamos decir que en las humanidades la igualdad no solo existe para nosotros como una meta o norma, un horizonte de posibilidad; la igualdad es también nuestra condición de aparición o emergencia, nuestro *Dasein*, para recurrir al concepto de Heidegger. Como se sabe, la relación entre las humanidades —y la literatura secular en particular— y cierta idea y práctica de la igualdad está presente en su propio origen, ya que, en el mundo europeo, las humanidades y la reforma protestante comienzan en el medioevo tardío con la premisa que cualquier persona puede ser intérprete de textos —incluso de la Biblia— y que no hay relación de autoridad o mediación hermenéutica necesarias, y que todo intérprete tiene un estamento igual dentro de cierta "comunidad" virtual de intérpretes. Esta comunidad implica una igualdad, no por semejanza —los miembros de esa comunidad pueden ser de diferentes edades, etnias, clases, géneros o naciones, como los críticos en la primera parte de la novela de Roberto Bolaño, *2666*—, sino por el acto de participación y solidaridad. (Jean Luc Nancy habla en este sentido de un "comunismo literario").

Ahora bien, sabemos que esta comunidad —la comunidad de los críticos o "lectores"— también puede ser, ha sido, el modelo pedagógico para la formación una nueva élite (los críticos de Bolaño, por ejemplo, son notablemente eurocéntricos y racistas). Esta relación entre literatura, crítica y poder está implicada en una articulación auto-constitutiva del proyecto de la colonización europea del mundo. La literatura moderna, sabemos, no solo representa el proceso de colonización, sino también una de las ideologías que justifica esa colonización. La intervención sobre el testimonio nace en parte de esta complicidad de la literatura con la colonialidad del poder (para no extenderme demasiado sobre esto, simplemente recuerdo aquí el bosquejo de la historia de esta complicidad en *La ciudad letrada* de Ángel Rama).

En tanto la literatura y la crítica literaria y cultural participan de crear o reproducir relaciones de subordinación y desigualdad, la igualdad como una condición inmanente previa a la semiotización cultural, presiona contra la autoridad de la literatura y la crítica. Podemos y debemos hacer una lectura crítica o hermenéutica de textos como *Don Quijote* o el *Canto General* de Neruda (o el *Evangelio)*, pero solo *sous rature*—bajo borradura, como solía decir Derrida. Hay cierta violencia en esto, una violencia vanguardista, generacional, anti-edípica, si se quiere. Pero es esta cancelación precisamente la que permite el flujo/reflujo de energías y afectos democráticos inherentes al texto, que ha sido momificado por su canonización.

Mi propuesta es entonces que el proyecto de leer contra la autoridad de la literatura misma en nombre de una igualdad que es a la vez inmanente y virtual en la literatura es el eje de la crítica militante. Para recordar algo que dije antes del testimonio, esto no tiene que ver con el contenido supuestamente político o social de la crítica, sino con la manera en que interviene e interfiere en el campo. La militancia nace de un sentido de antagonismo, pero también de solidaridad.

En ese sentido, me siento obligado a referir a la figura del socialismo, y a la posibilidad de la renovación —siempre precaria, como hemos visto recientemente— del proyecto del socialismo en nuestro tiempo. Sabemos por qué este concepto ha perdido vigencia sobre todo entre las generaciones más jóvenes. Pero quizás no haya otra manera de nombrar la igualdad. La llamada crisis de las humanidades parece estar íntimamente ligada a la crisis del socialismo en nuestro tiempo. Si entendemos por el socialismo no tal o cual régimen o partido, sino un proceso continuo y continuamente diferido de hacer presente la igualdad, entonces el proyecto de constituir el socialismo, aun si no lo nombramos o pensamos así, está presente en las condiciones y los resultados de nuestro trabajo cotidiano. Para decir esto de otra manera, y concluir: la crítica militante no es tan diferente de la crítica en sí.

Notas

1   Paul de Man, *Allegories of Reading* (New Haven: Yale University Press, 1979), 277.

Obras citadas

Arias, Arturo, ed. *The Rigoberta Menchú Controversy*. Minneapolis: University of Minnesota Press, 2001.

Carri, Albertina. *Los rubios*. Película. Dirigida por Albertina Carri. Producida por Barry Ellsworth, 2002.

Culler, Jonathan. *Structuralist Poetics*. Nueva edición. Ithaca NY: Cornell University Press, [1985] 2008.
de Man, Paul. *Allegories of Reading*. New Haven: Yale University Press, 1979.
Fanon, Frantz. *Los condenados de la tierra*. México: Fondo de Cultura Económica, [1959] 2007.
Laclau, Ernesto, y Chantal Mouffe. *Hegemonía y estrategia socialista*. Madrid: Siglo XXI, [1985] 2015.
Nancy, Jean-Luc. *The Inoperative Community*. Minneapolis: University of Minnesota Press, 1991.
Williams, Raymond. "Base and Superstructure in Marxist Theory". En *Problems in Culture and Materialism*. London: Verso, 2006. 31-49.

Las novelas de la dictadura chilena: la tortura

Grínor Rojo
Universidad de Chile

¿Es narrable la tortura? No son pocos los que opinan que no lo es, que la tortura está del otro lado de lo representable y que, por lo tanto, cualquier tentativa que los escritores hagan para convertirla en el referente de los relatos que construyen estará condenada a malograrse, porque la inhumanidad de esta práctica es superior a las capacidades de la letra y todavía más cuando de lo que se trata no es sólo de informar acerca de la tortura, que es lo que hacen los documentos que con su prosa burocrática emiten los organismos que se ocupan de los derechos humanos, gubernamentales o no, sino de *mostrarla* y *de correr de esa manera el riesgo por lo menos potencialmente obsceno de estetizarla, de hacer con ella el pretexto para la fabricación de un objeto de arte*. Es la imagen de la tortura la que, debido a su carácter icónico, "casi tautológico", como puntualizó Roland Barthes[1], se siente inenarrable. Y aludo con esto a la imagen literaria, aunque sus prototipos provengan por supuesto del campo de las artes visuales, donde la captación de la "cosa" es aún más sobrecogedora que en los dominios de la letra pues, al no disponerse allí del puente conceptual que al lector le suministra el significado del signo lingüístico, el efecto es el de una bofetada sin mediaciones. Piénsese solamente en las ansiedades que experimenta el espectador frente a los cuadros del inglés Francis Bacon o frente a los del chileno Guillermo Núñez, y sin que haga falta que yo mencione el goce sadomasoquístico de la crueldad, por ejemplo, en las *snuff movies*.

Y sin embargo la tortura existió, en el Chile dictatorial y en otros regímenes de la misma calaña, por lo que ningún recuento que se haga de los horrores que se cometieron entre nosotros durante aquellos años infelices puede otorgarse a sí mismo la licencia de pasarla por alto. Para el novelista, es un inenarrable "duro" sin duda, pero que a la vez constituye una "deuda", la de un algo cuya memoria él siente que tiene la obligación de preservar, de la misma manera en que otros sienten que tienen la obligación de preservar la memoria del Holocausto judío, según explica y subraya Didi-Huberman en sus *Imágenes pese a todo...*[2]. Y eso sin que hayamos entrado todavía en una consideración de la imagen del cuerpo torturado como una alegoría del cuerpo de la nación en dictadura, como un cuerpo cubierto de llagas sangrantes, de lo que el primer libro del poeta Raúl Zurita, *Purgatorio* (1979), es, probablemente, el ejemplo más claro.

Argumentándolo como si ello estuviese dotado de poderes exculpadores, válidos para una mitigación, cuando no es para una eliminación de la culpa *tout court*, la derecha política suele observar farisaicamente que en Chile el número de muertos a manos de los agentes de la dictadura fue de poco más de tres mil, mucho menos que en otros países sujetos a regímenes tiránicos de la misma índole (que, en Argentina, sin ir más lejos, donde fueron treinta y cinco mil). Pero rara vez esa derecha menciona que los dos Informes Valech, el de 2004 y el de 2011, documentaron en total 40.018 casos de torturados, y que en el capítulo "Mujeres y tortura" se contabilizaron 3.699 casos de mujeres torturadas, de las cuales 3.400 fueron abusadas y 316 violadas, y que podría haber más[3]. No sólo se torturó en Chile, sino que se torturó indiscriminada y masivamente, y no tanto para obtener información, que los torturadores ya poseían, sino para amedrentar, para silenciar, para desactivar cualquier desobediencia mediante la universalización del horror. Tampoco se menciona que hoy día mismo, en 2015, después de un cuarto de siglo de postdictadura, la lista oficial (y todavía incompleta) de detenidos desaparecidos es de 1.210 personas y que se conoce el paradero de apenas el siete por ciento de ellos, mientras que en los tribunales chilenos existen alrededor de mil juicios por violaciones a los derechos humanos que no se han fallado.

Por otra parte, se sabe de algunos individuos que llegaron a ser verdaderos "expertos" en el ejercicio de esta práctica inmunda, escorias del género humano, como Osvaldo Romo, el "guatón Romo", que torturaba y presumía de ello[4]. Y existen los relatos testimoniales, entre los que los de Hernán Valdés, Manuel Cabieses, Carmen Rojas y Carmen Castillo son algunos de los más conocidos. Y existen buenas investigaciones periodísticas, como las de Javier Rebolledo, entre las cuales se cuenta una que él mismo ha descrito como su "libro sobre la tortura": *El despertar de los cuervos. Tejas verdes, el origen del exterminio en Chile*. Y existen por último las novelas. Pero, ¿qué hacen los novelistas con *eso*? ¿Cómo se las arreglan para representarlo?

Primero, yo quiero que quienes ahora me leen no se olviden de quienes son los dos actores esenciales que van a entrar en escena en este teatro. Repito que estos son sólo los dos actores esenciales, por consiguiente, no los únicos, ya que como pronto veremos puede haber otros que no lo son. Hablo del torturador y el torturado, el victimario y su víctima. Con el añadido que el torturado puede ser, como he dicho y lo es frecuentemente, *la* torturada, ya que la tortura de mujeres y, lo que es más grave aún, la tortura sexual de mujeres constituye una variación nada anómala del procedimiento[5]. Su huella es rastreable en media docena o más de las novelas que integran mi corpus, de Barros, de Franz, de Alegría, de Varas, de Sime y algunas otras, lo que no quiere decir que la tortura sexual de hombres no se haya empleado igualmente, y a veces haciendo alarde de una imaginación demencial. *La burla del tiempo* de Mauricio Electorat es una novela que contiene una escena de este tipo y hay más, por ejemplo, en el caso de Ricardo, el hermano de la protagonista de *Pasajeros en tránsito*, la novela de Rossana Dresdner.

Puesto que los actores que hablan principalmente en el relato son o la víctima por sí misma o un narrador externo que lo hace por ella, necesitamos tener en cuenta, en segundo lugar, la distancia espaciotemporal entre el enunciado y quien lo enuncia, un nivel de análisis de cuya consideración ningún estudio de textos ficcionales se puede excusar, y mucho menos aquellos que se interesan en las novelas que tratan este flagelo. Desde Henry James a Roland Barthes, Gerard Genette a Félix Martínez Bonati, el de la distancia es un paradero en el que se detienen los máximos teóricos de la ficción en uno u otro momento. Un dato determinante es el uso de los pronombres y los tiempos verbales y esos teóricos, aunque ello no les baste, tampoco lo pueden eludir.

Así, con todo el respeto que a mí me inspiran las sutilezas de Henry James y sus colegas, las preguntas que necesito formularme en un primer acercamiento, son las más elementales de todas. Estoy pensando en las que interrogan por el quién y por el desde dónde, espacial y temporalmente, en las novelas de la dictadura y la postdictadura chilena en las que se halla representada la tortura, se emiten las frases.

Y, junto con eso o más bien como una consecuencia de eso, tendré que aquilatar además cuánto es el grado de compromiso involucrado en el método de representación o, mejor dicho, con qué grado de intensidad las novelas de la tortura le hacen llegar a sus lectores los hechos narrados. Anticipo que las respuestas a estas preguntas (excluyo de mi síntesis a las formas experimentales en segunda persona y en futuro: "tú estarás ahí y esto es lo que te pasará") debieran poner en descubierto una gradación del potencial de impacto que irá desde el que se consigue por medio de una narración en tercera persona y en pasado ("él/ella estaba allí y eso fue lo que le pasó") al que se consigue por medio una narración en primera persona y en presente ("yo estoy aquí y esto es lo que me está pasando"). Entre uno y otro de estos dos polos, el discurso en primera persona y en el pasado ("yo estuve allí y eso fue lo que me pasó") y el discurso en tercera persona y en el presente ("él/ella está ahí y esto es lo que le está pasando") son estaciones intermedias, pero a las que no por eso tenemos que considerar como menos impactantes para la sensibilidad del lector.

En tercer lugar, y para ponerlo ahora en los términos del viejo pero todavía útil distingo de Lubbock, la presentación de los sucesos puede ser "panorámica", es decir generalizante, o "escénica", es decir particularizante, y la segunda modalidad es, ni falta que hace decirlo, la que le impondrá al narrador los desafíos mayores y la que exigirá de los lectores una tolerancia simétrica[6].

De lo que se desprende que lo menos oneroso acaba siendo la constatación que un narrador externo, en tercera persona, desde la lejanía temporal y panorámicamente, hace de los hechos. Como en este pasaje de *El himno nacional* de Fernando Jerez, en el que el pasado imperfecto es la marca gramatical de un trámite repetido *ad nauseam*:

> A la una o dos de madrugada, en medio del toque de queda y bajo una temperatura que rozaba los cero grados, si no menos, irrumpían las patrullas en las poblaciones. Echaban abajo las puertas de las frágiles viviendas y sacaban desnudos a los moradores al descampado más cercano. No importaba la edad, ni el sexo, ni el estado de salud de los infelices así denigrados. La terrorífica rutina culminaba cuando procedían a fusilar tanto de verdad como de mentira. Porque a veces echaban sólo ruido sobre los cuerpos y éstos igual se arrugaban víctimas de los tiritones nacidos del pánico. Pero cuando la acción de salpicar con miedo no era suficiente, sacaban a dos o tres hombres de las filas y no los devolvían nunca más[7].

O en este otro de *Ruido*, la novela de Álvaro Bisama:

> No podemos pensar esos años sin él [sin el vidente de Villa Alemana]. No podemos pensar en la dictadura sin la luz de la Virgen que ilumina el cuadro desde el fondo. Tras la tela están los cadáveres, las salas de tortura, los agujeros donde fueron a parar los cuerpos de los muertos, el mar silente sobre el que volaron los helicópteros que lanzaban los cadáveres al mar. Tras la tela están los cerros donde enterraron los cadáveres cubiertos de cal[8].

Me cuesta encontrar una imagen panorámica que condense mejor que esta, de Bisama, la circunstancia del país chileno durante la década del ochenta del siglo XX. Enunciado este pasaje por un narrador que Bisama pluraliza intencionalmente, al que transforma en un "nosotros" (¿los chilenos de su generación?, ¿los chilenos todos?), que "piensa" (en rigor, que recuerda) aquella imagen montándola sobre planos diferentes y superpuestos, el primero de los cuales es el que ilumina la Virgen de la que "el vidente" es portavoz. A ese primer plano de la imagen, en el que los motivos que sobresalen son el engaño, el portento y la paz embusteros, sigue un segundo nivel más profundo, separado del otro por la "tela" del miedo o, lo que es igual, por la tela del no saber sabiendo y/o la de la indiferencia aterrada, y donde el elemento que sobresale es el ensañamiento sobre los cuerpos cautivos. Pero se trata de un horror lejano por partida triple, por el escamoteo oficial de la realidad de lo que estaba sucediendo en el país sometido entonces a la ley del más fuerte, por el tiempo transcurrido entre esa época y el presente desde donde se narra y por el manto de amnesia que recubrió y aún recubre todo aquello.

O en este otro pasaje, que tomo ahora de *La burla del tiempo*, la ya citada novela de Mauricio Electorat, y que posee las características del cuento de un cuento o, dicho con la nomenclatura de Gérard Genette, las de un "relato de palabras" que avanza desde el discurso narrativizado al discurso en estilo indirecto libre. En cuanto a sus contenidos, también en este caso las imágenes que el narrador nos comunica le llegan a él desde el pasado remoto y su reminiscencia se torna borrosa por una segunda razón, porque según declara la víctima el maltrato que él sufrió, no constituyó (no fue) más que la reiteración de lo consabido. Es decir, de nuevo, como en *El himno nacional* de Jerez, la repetición de un trámite por el que pasaron muchos y para el cual ellos se hallaban prevenidos de antemano:

> Lo que más le llamó la atención, dice, es que por curioso que pueda parecer ahora, tuvo de inmediato la sensación de que conocía el guion de memoria. Lo que todos sabíamos, dice, lo que tantas veces nos habían contado, el esparadrapo en los ojos y la boca, esposado con las manos en la espalda, tirado como un bulto en el piso de la camioneta, con los tipos pisoteándole los riñones, las nalgas, la nuca. (...) Lo levantan en vilo, lo sientan en una silla a horcajadas, le atan las manos contra el respaldo. Que cerrara los ojos el concha de su madre, *taca, taca, tac*, le quitan las vendas, arrancan pestañas, le ponen un capu-

chón, lo atan con una cuerda, casi no respira y él, reuniendo fuerzas consigue sacar un hilo de voz, por favor, si acaso podía saber por qué razón estaba aquí, y claro, que le debían una explicación al caballero, cómo no, ¡*ting*!, bofetón, puñetazo en la mandíbula. No siente nada. Un resplandor solo y después silencio. (…) que me ahorra los detalles de la parrilla, de la electricidad, dice, yo no digo nada pero en secreto le agradezco[9].

El grado de implicancia aumenta cuando el ojo, que aun cuando sea todavía el de un narrador de estirpe decimonónica, en tercera persona, externo y en el pasado, representa el acontecimiento escénicamente. Es una vez más el esfuerzo de la diégesis por conseguir una impresión mimética eficaz. Esto que cito ahora pertenece a un maestro de la narrativa realista, a José Miguel Varas:

> Se dio cuenta que estaba firmemente amarrado, de brazos, tronco y piernas a una silla. Era una especie de oficina, no muy grande. Hacia su derecha, había un hombre sentado ante una mesa, escribiendo algo a mano en un gran libro de contabilidad. Se escuchaban llantos o lamentos lejanos. De pronto se abrió una puerta metálica y se destapó un pandemónium de aullidos, gritos, golpes y música de bandas militares (…) Lo hicieron avanzar, luego el que lo empujaba abrió la puerta metálica y se sintió inundado por los lamentos, un olor nauseabundo y dominándolo todo, ensordecedoras marchas militares. Había poca luz. En medio de la penumbra distinguió uno, dos, tres, cuatro cuerpos desnudos, colgados como reses en una carnicería, escuchó lamentos, estertores, luego alaridos agudos que provenían de un hombre desnudo, atado a un camastro de metal sobre cuyo cuerpo se afanaba alguien, inclinado, que vio a contraluz (…) trataba de distinguir, abriendo mucho los ojos, aquellos cuerpos colgados. El más cercano era una mujer gruesa y de edad avanzada, completamente desnuda, cuyos brazos, atados por las muñecas, estaban sujetos a una cadena horizontal por un gancho metálico. Su cuerpo, lívido, blando, con los pliegues propios de la edad, estaba cubierto, le pareció al principio, por una red, hasta que comprendió que eran regueros de sangre seca que bajaban desde los brazos y el rostro, caído sobre el pecho y semioculto por la mata de pelo gris, y se extendían por los grandes

senos fláccidos, por los costados, hasta la zona gris del pubis y los muslos (…) le pusieron una capucha sobre la cabeza y todo fue oscuridad, dolor de quemaduras, salvajes sacudidas de todo el esqueleto, sensación de ruido ensordecedor, convulsiones (…) sintió la presencia de un hombre sentado delante de él. Luego, éste procedió a golpearle sistemáticamente los dedos, uno tras otro, con un delgado martillo de acero[10].

En *Carne de perra* de Fátima Sime, la narración alterna la primera persona en pasado, que pone al lector en el presente, con la tercera en presente, que lo remite al pasado. En este segundo caso, lo que la presentificación del relato consigue es el debilitamiento en la conciencia de ese lector de la experiencia de lejanía y su reemplazo por una sensación de inmediatez, por un "efecto" de encontrarse ahí, frente a una reproducción exacta del suceso. Discurso narrativizado, discurso traspuesto, discurso restituido y discurso inmediato, todas estas son formas que Sime emplea en un pasaje escalofriante del comienzo de su novela, parte del cual yo voy a citar a continuación. En lo que toca a la tortura de mujeres, como si lo anterior no bastara, también el de Sime es un paradigma. Con un enfoque de cámara cinematográfica:

> Se ha sentado a horcajadas sobre ella, la aplasta, comprime sus caderas. Está embelesado jugando con su cara. ¿Te duele? Ella asiente con la cabeza. Espera, no te muevas, voy a ayudarte, ¿ves qué delicado soy? Saca del bolsillo de su pantalón una navaja pequeña. Clava la punta en una herida, levanta entera la costra y se la muestra. Si queremos bonita la cara, sin cicatrices, hay que descostrar donde hay infección pues, muñeca. En cada acometida la chica siente la hoja pequeña, filosa, bailar cerca de su ojo. A pesar del dolor, temerosa, no se mueve, no chista.
> El emprende la tarea con esmero, se toma su tiempo para no dejar residuos. Cuando termina, manan hilos de sangre de las heridas. Ahora hay que desinfectar, dice, y para eso nada mejor que la saliva, como los perros. Dime: "Me gustan los perros". La muchacha balbucea: Me gustan los perros. Él gruñe en su oreja, gimotea como un cachorro. Empieza a lamerle el cuello. Luego recorre con parsimonia el rostro de

ella. Son lengüetazos fibrosos que hacen arder las llagas. Sin embargo, al rato, esos movimientos rítmicos, calientes, la atontan, la adormecen. ¿Cuánto dura el ritual? Cuando el hombre se retira, ella abre los ojos. Lo oye llamar a un subalterno por teléfono. Con un pañuelo se limpia, acucioso, los restos de coágulos en los pelos del bigote[11].

En cuanto a la narración en tercera persona y en pasado, la ausencia en este caso del efecto de inmediatez se suple con la simple sordidez de lo contado. He aquí una de esas escenas:

No me penetraba. Mis orificios eran para su lengua para sus dedos. Para sus alimentos. Me llenaba, me colmaba de higos, porotos, pasteles. Comía de mí hasta hacerme explotar. Mi útero respondía con movimientos de olas enormes que me rescataban del abismo. Negro. Quedaba en la superficie, suspendida, flotando en la espuma. Al regresar tenía al hombre encima de mí, o a mi lado, y lo veía durmiendo, roncando, tranquilo. Como un niño (…) Él: ¡No logro terminar! Nunca he podido. No puedo estar dentro de una mujer. ¿No lo entiendes? Dentro de ninguna parte de una mujer. No lo soporto. ¡No puedo![12]

La actuación del torturador en la novela de Sime es contradictoria y responde casi *verbatim* a las tesis freudianas sobre los orígenes infantiles de la perversión. Por un lado, éste es un hombre-niño que juega, que se entretiene y divierte, obteniendo su placer del cuerpo de la víctima como si ese cuerpo fuera un juguete o, más sugerentemente aún, como si se tratara de un campo de juegos. No hay aquí coito o copulación, no hay acoplamiento del torturador con la mujer, y el orgasmo él lo alcanza, si es que lo alcanza, por medio del uso tanto de "objetos", zonas erógenas plurales, como de intereses subalternos. Por el otro lado, el torturador es un hombre-adulto que, al haberse quedado atrapado entre el estadio infantil de su evolución psicosexual y el estereotipo militar y machista, exacerba, a menudo hasta el delirio, las pruebas de su masculinidad:

¿Cómo es eso que nos vas a la fiesta? ¿Qué tiene que importarte si llegas como mi amiga, mi puta, mi amante o mi soplona? ¿Se te olvidó quién manda? ¡Cuántos años llevamos aquí! Un departamento a toda raja para la perla. Pero esto se puede acabar cuando yo quiera. No grita. Al contrario: susurra. Pero con el cañón de la pistola va botando cosas que se quiebran con estruendo en el suelo. Camina entre pedazos de cerámica, casetes, trofeos y flores de plástico. ¿Tengo que recordarte quién es el amo? ¿Quién manda, perra de mierda? Ahora sí está gritando. Lo hace desde el baño. ¿Te quedó gustando vivir encima de un excusado? Porque ahora mismo te encierro. ¡Maraca![13]

En este mismo sentido, *Coral de guerra*, la novela de Fernando Alegría de 1979, funciona entera en torno a la imagen de la mujer torturada y violada, y a la del torturador que se jacta, representándoselo al marido de la víctima, su rival y prisionero. Independientemente de los alcances simbólicos que posee la puesta en escena de Alegría, de su intento de convertir a la situación que él presenta en *Coral de guerra* en una alegoría del país bajo el imperio de una sed de la venganza insaciable, ésta es una de las pocas ocasiones en que se escucha la voz de quien provoca el sufrimiento, en que se oyen sus motivaciones, su rencor, su odio. Cito el párrafo final:

> La encontrarás en las calles de una ciudad que no vas a reconocer, la verás sentada en el escaño de la plaza que te gusta y no te hará señas y por la plaza la gente estará pasando al revés. Créemelo. Tuviste tus días y tus noches de gloria. Tuve los míos. A mí me costaron más los gocé más. Ella es una persona que no volverá nunca atrás. Lo que aprendió le servirá para que no te necesite ya, y para que no me vuelva a temer a mí. ¿A dónde se lleva sus bienes y sus males? Eso le importa solamente a ella. En cuanto a ti, ¿por qué no sales a buscar otra vez la guarida donde te esperan tus aburridos terroristas? Si quieres medirte conmigo en el futuro, no me encontrarás. Serán cuarenta tus jueces. Tal vez, unos más. Algunos se repitieron el plato. Yo no. Seguiré esperando. Una pequeña muestra de aprecio. Eso es todo.
>
> Y ahora, váyase. Su mujer, la suya, entiéndame bien, va a aparecer. No se preocupe. Si se preocupa, y le gusta, dala por muerta, huevón[14].

Es el cambio de la tercera a la primera persona, que intensifica el poder mimético y que en este caso es aún más potente por la forma dialógica que le dio Alegría a su relato.

Pero para que todo esto adquiera mayor legitimidad no es raro que sea el narrador en tercera persona el que, sintiéndose incapaz de seguir proporcionándole al lector por sí mismo un relato verídico, es decir que, dada su ineptitud para producir un relato que sea digno de crédito, apoyándose nada más que en su personal y distanciado conocimiento de los hechos, se retira y cede su lugar a la figura y la voz del testigo.

Ejemplar es, en este aspecto, *La vida doble* de Arturo Fontaine. Toda la motivación de o para la escritura de *La vida doble* proviene del deseo del narrador básico de dar cuenta de aquello que él sabe que aconteció, pero que no le consta personalmente. Ubica en consecuencia a una ex militante que reside ahora en Estocolmo, enferma de cáncer y ya próxima a la muerte, que años atrás vivió la represión dictatorial desde muy cerca, primero como prisionera y posteriormente como colaboradora de la policía política, y que le han dicho que está dispuesta a contar lo que sabe. El narrador de Fontaine la convierte en su informante, la "entrevista", le compra sus palabras a cambio de una determinada cantidad de dinero, y el resultado es la novela. Cuenta (le cuenta) ella su ordalía, y también la de otras mujeres a las que vio o de las cuales supo que estaban en su misma situación, fundiendo en su relato la miseria de su presente culposo con el horror de su pasado:

> Todo esto te lo digo ahora. En estos momentos... Esa experiencia mía, sólo mía en aquel aquí y ahora (...) Te cuento porque vas a hacer una novela (...) A Tomasa le han dicho: ¡Muéstrame las tetas, chuchaetumadre! Y ella se ha levantado la polera del buzo y ha hecho lo que le pedían. Tienes el pituto del pezón muy largo, le dijeron. Y tal vez no la violaron. Yo tengo los pezones rebonitos. Tomasa gritaba y me obligaron a escucharla. Empezó a chillar desde que la amarraron. Trato de acostumbrarme. No se puede. Grita como un varraco. Según ella, eso la protegió, según ella, eso los dejó satisfechos y le dieron menos duro. Le he dicho lo de los calzones, lo que daría por tener un par de sostenes Triumph. A ella eso no le importa nada. Con tal de que no la violen de nuevo, nada le importa. Quiero un sostén. Me siento tan flacuchenta... ¿Quién podría comprarme sostenes? No importa que

se acuesten contigo, me dice Tomasa; la cosa es que no te hagan daño ahí adentro. El Gato premia al Rata o al Ronco, me dice, él les da ese derecho, si es que se le antoja. Tomasa me prestó un espejito, el otro día. Ella se consigue esas cosas. Ahí me vi las ojeras, la cara chupada, las orejas alargadas asomándose a través del pelo pegajoso. Nunca tuvo orejas que se asomaran así. Pero aquí sí. Tengo las pechugas más chicas y sueltas. ¿O será idea mía? Seguramente por eso no les intereso; ni siquiera quieren que se las muestre. Siento su no deseo. Dicen que a algunas las obligan a bailar y terminan desnudas como vedetas, bailando y llorando, desnudas como simulacros de vedetas[15].

Similar, pero esta vez por la vía de la transferencia del discurso testimonial al del narrador en tercera persona, es lo que observamos en *El palacio de la risa* de Germán Marín. En este otro caso, el escritor-narrador tampoco ha sufrido; él directamente la tortura, por lo que se sirve de informes diversos que hacen que su narración al respecto adopte el formato de unas noticias cuya autoridad se valida entre otros recursos por medio de la mención de ciertos represores conocidos por su salvajismo: "era común someter a los detenidos a castigos de inmersión por orden del capitán Miguel Krassnoff, de origen ucraniano, de quien se rumoreaba que había participado en el asalto a la residencia de Salvador Allende, en la avenida Tomás Moro, el 11 de septiembre de 1973"[16]. Insatisfecho, sin embargo, con esa solución, el narrador de Marín introduce en su relato el testimonio de una psicóloga, María del Carmen Posada, quien ha sido una integrante del plantel "profesional" de la DINA. Se relaciona con esta mujer sexualmente y, sin renunciar a hacer él mismo la entrega de la información, lo hace con la ayuda previa de ella. Ella le habla a él y él nos "traspasa" a nosotros, a sus lectores, lo que escucha. Con una mayor consistencia que en el caso de Fontaine, el estilo de estos pasajes es, por consiguiente, el del discurso "citado":

> María del Carmen proseguiría sonámbula, independientemente de mí, en el relato pormenorizado (…) hablaba y hablaba de ella misma, como si le resultara urgente descargarse (…) el paso inicial de su error, influida por el deseo de ganar puntos en la hoja de servicio, era haber aceptado la designación en el basural humano que constituía la Villa

Grimaldi (...) condenada por sus funciones a asistir a cualquier hora del día o de la noche a los interrogatorios, el horror frente a la iniquidad que presenciaba salpicada de sangre, envuelta por las risotadas de los demás, conduciría a sentir en cada oportunidad una líquida, irreprimible y tibia sensación de asco que le subía por la garganta (...) los detenidos sufrían un proceso de animalización. Los rostros cada vez más pálidos y muertos comenzaban a adoptar los rasgos fisonómicos de distintos ejemplares zoológicos, de lagartos, de perros, de carneros. Tanto era así que a veces, al mirar hacia la penumbra de las celdas, en el instante de entregarles algo de comer, no era difícil hallarlos transformados en otros seres. A María del Carmen le provocaba miedo recordar esto[17].

El asunto daría para más, para muchísimo más. Por ejemplo, daría para efectuar un análisis en profundidad, o sea sin blandenguerías suavizantes, de aquellas circunstancias en las cuales la relación torturador/torturada se tiñe de mala conciencia. Con rebordes alegóricos a veces, como en *Coral de guerra* de Alegría o como en *El desierto*, la novela de Carlos Franz. En esta de Franz la mala conciencia acaba remitiéndonos, por ejemplo, a la actitud que tuvo un cierto sector de la sociedad chilena para con la dictadura, de cuya entronización no fue el responsable directo, pero con la cual se condujo siempre de una manera equívoca, no queriéndola y queriéndola a la vez:

> lo que hubo entre ambos, entre el verdugo y la víctima, merecía otra palabra, impronunciable y sin embargo necesaria, lo que hubo no fue primero "culpabilidad", sino que antes fue "intimidad". Tal vez haya sido su intimidad que, en ella, Laura había encarnado la norma, la regla, el canto de acero del otro, y con esa norma, con esa regla, había sido medida, y su medida había sido la traición. Y en esa traición, a su turno, había consistido su intimidad[18].

O utilizando la tortura para reflexionar sobre el ejercicio del poder, cuando éste se encuentra en manos de individuos que lo tienen y adolecen al mismo tiempo de un masculinismo patológico, como en *Como si no muriera nadie* de Poli Délano, en *El tono menor del deseo* de Pía Barros o en la citada *Carne de perra* de Fátima Sime. O para reflexionar acerca del vínculo entre el retorno desde el exilio, la reinserción en la vida política del país y la tortura, como en *Pasajeros en tránsito* de Rossana Dresdner. O sobre el origen biográfico de los agentes y los torturadores, como en *El himno nacional* de Fernando Jerez. O incluso para plantearse el problema de la esencia del mal, como en *La vida doble* de Arturo Fontaine y en *Estrella distante* de Roberto Bolaño. Daría pues para más, para mucho más, como puede comprobarse, pero yo he decidido parar aquí y no continuar revolcándome en tantísima mugre.

Notas

1   Roland Barthes, "Rethoric of the Image," en *Image-Music-Text*, trans. Stephen Heath (New York: Hill and Wang, 1995), 36.
2   Georges Didi-Huberman. *Imágenes pese a todo. Memoria visual del holocausto*, trad. Mariana Miracle (Barcelona: Paidós, 2004), 7.
3   *Informe de la Comisión Presidencial Asesora para la Calificación de Detenidos Desaparecidos, Ejecutados Políticos y Víctimas de Prisión Política y Tortura.* Ver https://notascect.wordpress.com/.
4   Osvaldo Romo Mena, nacido en 1938, vinculado con la Unión Socialista Popular (USOPO) y dirigente vecinal en las poblaciones de Santiago durante el gobierno de la Unidad Popular. Con posterioridad al golpe de Estado, se dio a conocer (existe la sospecha que pertenecía desde antes) como miembro de la Dirección de Inteligencia Nacional (DINA), donde actuó a las órdenes del brigadier Miguel Krassnoff. Es, probablemente, el peor de los torturadores del régimen dictatorial. Se han documentado sus torturas de mujeres y existen declaraciones suyas en las cuales no sólo reconoce, sino que se ufana de haber perpetrado tales hechos. Fue a prisión en 2003 y, antes de morir en 2007, denunció a sus cómplices de la DINA.
5   Hay mucha documentación al respecto. Un artículo de 1985, en el Centro Documental Blest, titulado, "Estudio sobre un grupo de mujeres políticas que fueron torturadas", me parece especialmente esclarecedor. Ver https://www.blest.eu/biblio/pep/cap12.html. Más cercano es el libro de Vivian Lavín, *Mujeres tras las rejas de Pinochet. Testimonio de tres presas políticas de la dictadura* (Santiago de Chile: Ediciones de la Radio de la Universidad de Chile), 2015.
6   "Si la historia se nos va a *mostrar*, la pregunta acerca de nuestra rela-

ción con la historia, por el cómo estamos colocados relativamente a ella, se presenta ya con la primera palabra. ¿Estamos colocados frente a una escena particular, una ocasión, en un cierto momento en las vidas de estas personas cuyas fortunas seguiremos? ¿O estamos contemplando sus vidas desde la altura, participando en el privilegio del novelista —barriendo su historia con un amplio espectro de visión y absorbiendo un efecto general?". Percy Lubbock, *The Craft of Fiction* (New York: The Viking Press, 1957), 66.

7   Fernando Jerez, *El himno nacional* (Santiago de Chile: LOM, 2001), 198.
8   Álvaro Bisama, *Ruido* (Santiago de Chile: Alfaguara, 2012), 47.
9   Mauricio Electorat, *La burla del tiempo* (Barcelona: Seix Barral, 2004), 290-300.
10 José Miguel Vara, *Milico* (Santiago de Chile: LOM, 2007), 343-346.
11 Fátima Sime, *Carne de perr*a (Santiago de Chile: LOM, 2009), 10-11.
12 Ibíd., 51 y 55.
13 Ibíd., 86.
14 Fernando Alegría, "Coral de guerra", en *Obra narrativa selecta*, ed. Juan Armando Epple (Caracas: Biblioteca Ayacucho, 2002), 213.
15 Arturo Fontaine, *La vida doble* (Buenos Aires: Tusquets, 2010), 21, 37 y 42.
16 Germán Marín, *El palacio de la risa* (Santiago de Chile: Random House Mondadori, 2008), 81.
17 Ibíd., 97 et sqq.
18 Carlos Franz, *El desierto* (Santiago de Chile: Random House Mondadori, 2005), 450.

V. San Diego

The Limits of Analogy: Jose Martí and the Haymarket Martyrs[1]

Christopher Conway
UNIVERSITY OF TEXAS — ARLINGTON

> ...if I am to die on account of being an Anarchist, on account of my love for liberty, fraternity and equality, I will not remonstrate. If death is the penalty for our love of freedom of the human race, then I say openly I have forfeited my life; but a murderer I am not.
> —Adolph Fischer, 1887

In May of 1886, the streets of Chicago witnessed scenes of violence between labor and police that shook the nation. Thousands of workers gathered in Haymarket Square on the evening of May fourth in favor of the eight-hour work day and to protest police brutality against strikers at the McCormick Harvesting Plant two days earlier. Around ten, when one hundred and eighty police arrived to disperse the already dwindling crowds, an unseen attacker threw a bomb into their ranks, killing one and wounding over sixty more. After moments of shock and confusion, the panicked police opened fire on the fleeing crowd, killing and wounding several. In the end, six more police died, although several of these were probably a result of "friendly fire" (Avrich 208-209).

Newspapers across the country electrified readers with their horrific, and exaggerated accounts of what occurred at Haymarket: police arrived to the square and were met with wild-eyed and well-armed anarchists who met them in "pitched" battle (217). Since prominent anarchists and socialists in the labor movement were

Eastern Europeans, the nation's first "red scare" became a pretext for persecuting and demonizing immigrants. Eight men were arrested for the Haymarket bomb and put on trial for murder: the Germans August Spies, Louis Lingg Eugene Schwab, Adolph Fischer, and George Engel; the native-born Americans Albert Parsons and Oscar Neebe; and Samuel Fielden, who had emigrated from England. In a trial marked by conspicuous improprieties, all except Neebe were sentenced to death for inciting murder, although Louis Lingg would commit suicide before his execution, and Fielden and Schwab had their sentences commuted to life in prison. Parsons, Spies, Engel and Fischer, now the object of a national and international movement of notables for clemency and justice, were hung on November 11, 1887.

One of the speakers at the Haymarket protest was Albert Parsons, a former confederate officer from Texas who had become a passionate advocate of the proletarian cause. In his prescient Haymarket speech, Parsons said that the military, with its Gatling guns, was ready to attack workers. "Is this Germany or Russia or Spain?" He asked the crowd, to which a voice responded, "It looks like it!" (David 201). Parson's challenge to the symbolic dyad of America/Europe, with its attendant analogues democracy/tyranny and freedom/oppression, continued to resonate throughout those sectors of the North American intelligentsia and labor movement that protested the unjust trial of the Haymarket Seven and their death sentence. "They died," William Dean Howells wrote about the executed men, "in the prime of the first Republic the world has ever known, for their opinion's sake" (Avrich 404). From New York, the Cuban patriot, journalist and exile José Martí closely followed this chapter in the history of North American labor, and came to the same conclusion. "Esta República, por el culto desmedido a la riqueza," Martí wrote after the execution of the anarchists, "ha caído, sin ninguna de las trabas de la tradición, en la desigualdad, injusticia y violencia de los países monárquicos" ("Un drama terrible," November 13 1887; Martí *OC* II 796)[2].

Even a cursory reading of Martí's voluminous collection of dispatches to Latin American newspapers from New York underscores his passionate interest in labor issues. Since his days in Mexico as a journalist (1875-1876), where he participated prominently in debates about trade unions and strikes, Martí considered labor to be the most important social issue facing the developed world. The dramatic scale of conflict between workers and capitalists in the U.S. during the Gilded Age struck him as an epochal struggle that would define the relationship between labor and capital in the world: "En este colosal teatro" he wrote, "llegará a su fin el colosal problema" ("Carta de Nueva York", 12 March 1882; 410). His interest in the labor question was not academic; the conflict between capitalists and workers was a domain where broader issues of economic practice, social justice and politics could be studied with an eye on the challenges facing an independent Cuba in the future.

The importance of Martí's writings on U.S. labor and particularly the Haymarket Affair cannot be overstated. There is a broad consensus among scholars that this event was key in radicalizing Martí's already critical attitudes toward the U.S., setting the stage for his later, more urgent missives against U.S. imperialism in Latin America[3]. Yet, beyond this unanimity, few have openly explored the contradictions between Martí's earlier writings on the labor question, and his final Haymarket chronicle, "Un drama terrible." Moreover, Martí's first articles on the Chicago anarchists are in step with the North American press and the xenophobia it promoted: anarchist terror is the work of monstrous Eastern European immigrants who have brought the violent ways of the Old World to the New. The notion of "America" as a democratic alternative to barbarous "Europe" stands. After the execution of the anarchists, however, Martí does an about-face and re-writes his earlier account of events. He turns his rage on the political and justice system and softens his earlier critique of the anarchists. The U.S. is now as unjust and violent as despotic Europe.

In this article, I explore Martí's attitudes toward U.S. labor culminating in the violent events at Haymarket and the execution of the anarchists found guilty of 'inciting' murder. My analysis shows how Martí read class conflict before 1887 through an idealist lens that sublimated social agents and their interaction through a universal system of correspondences in which unions, strikes, and scabs are analogically tied to elements in nature and the self. However, between May of 1886 and November of 1887, when the convicted Haymarket anarchists were executed, Martí shed some of the distance that had characterized his previous analysis of labor, and which had permitted him to criticize it as harshly as the moneyed class. In a significant breakthrough, Haymarket forced Martí to reassess his view of the U.S. as a classless society where democratic practices were a viable conduit for social change. Moreover, the Haymarket crisis enabled Martí to move beyond race as a category of social analysis and overcome the deep antipathy that had marked his writings on Eastern European immigrants, and which had led him to echo North American xenophobia. In a very literal sense, Martí's discourse moves toward a more materialist mode of analysis, and lays the foundations some of his most radical critiques of the U.S., such as "Nuestra América" (10 January 1891) and "La verdad sobre los Estados Unidos" (23 March 1894). Although it would be premature to declare that Haymarket transformed Martí into a socialist, it did dislodge him from some of the deeply personal, universalist arguments that had made his analysis of labor before 1887 seem "evangelical" (Turton 123).

Martí and the Analogical Impetus

Martí read society through the matrix of analogy. In *Los signos en rotación*, Octavio Paz describes analogy as a poetics that expresses the correspondence between the celestial and terrestrial realms (253). For the Latin American Modernists, this poetics was nourished by Emmanuel Swedenborg's theory of correspondences and the Baudelarian concept of synesthesia, and functioned as an aesthetic counter-measure to the fractures of modernity and its resulting alienation (Rotker 13-14). In short, analogy could counter the mechanistic and divisive rationalism of the Enlightenment with the dream of harmony and wholeness (Jrade 4). As early as the 1870's, in his days as a political exile and student in Spain, Martí had settled on this elementary concept: "Todo va a la unidad, todo a la síntesis, las esencias van a un ser... un tronco es asiento de infinitas ramas: un sol se vierte en innúmeros rayos: de lo uno sale en todo lo multiple, y lo múltiple se refunde y se simplifica en todo en lo uno" (Martí, *Apuntes* 34). This worldview, which remained central to his aesthetics and ethics, enabled Martí to overcome the contradictions of modernity and reinstate an expression and experience of wholeness (Ramos 172)[4].

Martí's dependence on the law of universal correspondences is evident everywhere in his writing, appearing in too many places to cite exhaustively in these pages. In his notebooks, where the young writer worked out some of the premises of his philosophy, we find some succinct examples, such as "El talento más estimado es el sintético" or "Las verdades reales son impotentes si no las animan las verdades ideales" (Martí, *Apuntes* 35, 36). Often, in his North American writings, the absence of analogy appears as an important sign of Martí's disapproval of historical agents or ideologies. For example, in 1881, Martí explicitly refers to the absence of analogy in his description of President Garfield's mentally disturbed assassin, Charles Julius Guiteau: "No hay, no, en todos los actos y palabras de este odiado réprobo aquella analogía y engranaje que revelan que una causa constate y cierta regula o perturba a quien habla y actúa" ("Carta de Nueva York," 26 November 1881; *OC II* 319). The ability to synthesize is a sign of spiritual elevation, of the ability to see into the essence of experience and reality despite a fragmented, disperse or multiple exterior (Ramos 207). Martí describes the North American historian George Bancroft in these terms; Bancroft sees from the peaks, and is thus able to encompass all that happens on the plains. As such, his is a synthetic talent, capable of recognizing and expressing the essence of complex historical events ("Carta de Nueva York," 23 May 1882; *OC II* 427). Like Emerson and Whitman, who Martí celebrated in two of his better known chronicles, we may characterize Bancroft as an elevated *hombre natural* capable of expressing himself through essential absolutes that encapsulate the hidden forces at work in nature[5]. Later, as readers of Martí's "Nuestra América" will remember, this hermeneutic is mobilized through the image of the *hombre natural* whose perception of the totality of the Spanish-speaking continent and its troubles is matched by his loyalty and commitment to building unity between the geopolitical and historical fragments that constitute its painful reality. To the image of a scattering of leaves (dispersion, division, multiplicity), Martí contrasts images of condensation and centeredness, like the image of trees forming ranks, and marching in unison to block the giant of seven leagues that threatens Latin America ("Nuestra América," *OC III* 106). Thus, the discourse of synthesis that Martí had carried with him since his adolescence is now applied as an image of political and cultural sovereignty that contains diversity without losing its center: "Injértese en nuestras Repúblicas el mundo; pero el tronco ha de ser el de nuestras Repúblicas" (108).

José Martí and U.S. Labor before Haymarket

Until 1887, Martí's primary mode of social analysis is filtered through the poetics of analogy and contributes to an optimistic assessment of the potential of U.S. democracy. His relationship to the American working class is modulated by a sense of distance, by his elevated vantage point as a joiner of fragments who is capable of seeing a big picture that workers and capitalists do not discern. Indeed, there are moments when Martí expresses a powerful sense of filiation with the working class, as in the case of his chronicle of September 5, 1884, when he is moved by the sight of a man with calloused hands who departs for work at dawn with his tin lunch pail, leaving his son behind. Martí is overcome by admiration, and by a desire to embrace the worker: "Y mientras más lo veo, lo quiero más" ("Cartas de Martí," September 5 1884; *OC II* 520). When faced by the specifics of strikes, labor organization, specific trades and immigrants, however, he takes a more distant pose that allows him to explore the relative merits of the practices of workers, politicians and capitalists. In this context, Martí casts himself in the role of an elevated observer who catalogues historical players and events according to their transcendental value.

Martí's idealist mode of analysis in this period is due to his negation of class as a category of social analysis; workers are not a class, but a constellation of different trades with different moral attributes[6]. As late as 1886, Martí writes that the ways in which workers make their demands are defined by their trade; for example, drivers make their needs known with gloves, and blacksmiths with hammers ("La revolución del trabajo," 25 March 1886; 626). Two years earlier, at a labor march in which several trades were represented, Martí enthusiastically celebrates the newspaper typographers, who have no need for weapons because they carry letters, and the noble bricklayers who are serene, dignified warriors ("Cartas de Martí," 5 September 1884; 515). In contrast, the "ant-like" cigarette makers, who throw cigarettes into the crowd from their open carriages, making children roll on the ground to gather them, repulse him. To which Martí responds stiffly that no act that results in a child rolling on the ground should ever be undertaken (518). Finally, the contingent of butchers disgusts our observer: only what is foundational should be loved, not what spills blood (520). Martí's non-materialist analysis of the working class is also evident in his charitable treatment of 'scabs'; workers are read and praised as tradesmen or individuals, and not for their loyalty to a particular union or strike[7]. In sum, Martí repeatedly calls for U.S. labor to rise over emotion, which results in division, and to engage in analysis, which would facilitate an understanding of the totality of a situation and thus, reveal the proper course of action[8].

Because of his belief in analogy and harmony, Martí's reading of U.S. labor until Haymarket was also conditioned by a surprisingly charitable analysis of North American society. Unlike Europe, where classes did exist, the U.S. was a place where social hierarchy was fluid and ever changing. The worker of today could be the capitalist of tomorrow: "Acá el trabajador sabe que el monopolista era ayer todavía trabajador: cuando trata de su huelga con un empresario, con un trabajador de ayer trata, lo que modera al que pide, y ablanda al que ha de dar" ("El problema industrial en los Estados Unidos," 19 September 1885; 600). Working from within this paradigm, Martí was free to challenge both capitalists and workers for their excesses, because the two camps did not represent the fixed identities that more radical voices proclaimed. Martí certainly did not identify with the capitalists; the profit motive at the heart of commerce was rejected by his ethical understanding of what should drive society (Ibarra 88-90). Yet, Martí's analogical ethics also led him to vigorously reject immigrant trade unionists and revolutionists for sowing violence and division where reconciliation was possible. Martí rejects the importation of European, revolutionary ideologies into the North American labor movement because such systems are a product of *ancien regime* societies where liberty and opportunity are severely curtailed, unlike the U.S., where democracy, however imperfect, exists[9]. In short, the immigrant is full of appetite and anger, and does not understand the democratic values, traditions and protocols of his adopted homeland ("Carta de Nueva York," 12 March 1882, *OC II* 409; Mestas 51).

Martí's reading of immigration is a geopolitical and developmental model that privileges the U.S. and its political system over the backwardness of the "Old World." In light of Martí's long-standing commitment to harmony as a philosophical principle, his view of immigration as a potentially dangerous form of particularism is hardly surprising. Yet, in addition to the coherent arc of these lines of argument, which are tied to the foundations of his philosophical thought, there are also racialized intonations in Martí's writings that resonate with some of the more conservative discourses of the Gilded Age. In much of his writings, Eastern European ethnicities come into being as ugly, physical imprints of deformed humanity. In 1884, he described German radicals as vengeful, rude, greasy, and as having ugly heads and beards ("Cartas de Martí," 5 September 1884; *OC II* 515). Following Haymarket, he hits on the same notes, but more intensely: Germans have "square" heads and their beards are anathema to the development of ideas ("Grandes motines de obreros: conclusión," 16 May 1886; 657). One of the convicted anarchists, Schwab, is described as bent, sickly and ugly, and months later as a repulsive, "subterranean creature" ("Grandes motines...," 16 May 1886, 657; "El proceso de los siete anarquistas de Chicago," 692). The prominence of race as a category of analysis and condemnation is underlined by code words that reference medical science and which define the authorial gaze as that of a clinician examining a "foreign" contaminant: Europe is the source of "poison" ("Carta de Nueva York," 12 March 1882; 409); Irish immigrants are "a contagious secretion" ("Cartas de Martí," 5 September 1884; 513); and uncontrolled immigration is the equivalent to an "injection" of poisoned blood ("Grandes motines...,"16 May 1886; 657). Further, the suggestion that one of the anarchists, August Spies, looks like President Garfield's assassin, Guiteau, references typological, scientific discourses about criminality, such as Lombroso's landmark study of criminal types, *L'uomo delinquente* (1876), which linked physical attributes to the *reo nato* or 'natural' criminal. Martí may not have dwelled on such racialist arguments or developed them further after the crisis of Haymarket but their presence underscores how tenaciously Martí clung to the idea that native-born workers should control the U.S. labor movement.

Revision: "America is Europe"

Martí's final Haymarket chronicle, titled "Un drama terrible" (November 13, 1887), marked a significant reorientation of his thinking on labor, class and race issues. Julio Ramos' insights into the "discourse of catastrophe" in Martí's analysis of modernity may be applied here. Catastrophe, as in the case of Martí's account of the earthquake of Charleston, undermines the commanding power of the Enlightenment and its teleologies, and their embodiment in the ordered, "modern" city. Moreover, Ramos writes that disaster gives rise to the reconstruction of the chorus of community and "the restitution of the power of myth and the imagination (proper to literature) that was cut short in the city by rationalization and its disenchantment" (Ramos 120). For Martí, the execution of the Haymarket anarchists marks the site of a national catastrophe that belies the myth of North American democracy. For years, in his critique of immigrants and radical ideologies in the labor movement, Martí had upheld the geopolitical teleology that stated that the U.S. was further along the path of liberty than Europe, which was weighed down by age-old divisions between rich and poor. Now, Martí collapsed the distinction and declared that the U.S. was no different than a monarchy ("Un drama terrible," 796). In his initial reactions to Haymarket, Martí had celebrated the heroism of the police and demonized the European anarchists in terms similar to those found in the mainstream U.S. press. In "Un drama terrible," however, he retells the story of what happened on May 4th in a way that was much more sympathetic to workers and anarchists. He indicts the police, the national media and the justice system for their lies and corruption. If before he had referred to the anarchists as beasts, now it was the Republic as a whole that has become savage like a wolf (795). Martí's newfound solidarity with the working class, and his sympathetic representation of the anarchists he had previously rejected, results in a powerful identification with the working class, where a new community emerges out of the ruins of the Haymarket Affair.

Why did Martí have a change of heart? Three chronicles from 1886 chart Martí's shift toward a more critical analysis of the U.S. The first is a chronicle written in April on the controversy surrounding the excommunication of an activist priest from the Catholic Church. Father McGlynn publicly supported the Labor Party candidacy of Henry George for mayor of New York in 1886 against the direct orders of his superior, Archbishop Michael Corrigan. In 1887, the Archbishop set in a motion a series of reprisals that resulted in McGlynn's excommunication. Martí's eloquent defense of McGlynn, whose commitment to the poor he admired, contains forceful assertions of solidarity with the working class, as well as expressions of distrust toward the press (Foner 39). A few months later, in a piece that Peter Turton has identified as an important milestone, Martí was appalled by the threatening tenor of U.S. jingoism toward Mexico when Colonel Francis Cutting, a founder of the American Annexation League, was arrested by Mexican authorities for defaming their nation in a newspaper article published in Texas (Turton 81). Martí rejects U.S. saber rattling and adjudicates its true cause to the "insane avarice" of the wild men on the U.S. side of the border, and their desire to loot Mexico's riches (671-672). In a similar vein, Martí rallies to the defense of Mexico and attacks the colonialist ideology of the U.S. when Charles Dudley Warner publishes a series of Mexican travel sketches in *Harper's Monthly* in the summer of 1887 (Turton 83). Clearly, by the fall of 1887, when the Haymarket anarchists were executed, Martí was finding less reason to invoke any silver lining in a democracy and a culture that, even at his most optimistic, he had viewed with a reserve of suspicion. The dialectic between U.S. foreign policy and its constitution as a nation and a capitalist system has begun to be apparent for Martí.

The text itself of "Un drama terrible" provides us with an understanding of the ways Martí breaks with his previous analysis of U.S. labor. Setting aside the more self-evident aspects of his condemnation of the political and judicial corruption, which sentenced the anarchists to death, three dimensions of this chronicle deserve a closer look: 1) Martí's move away from his idealist, and ultimately insular template for reading class conflict, toward arguments that are more historical in nature; 2) The rejection of racialist and geopolitical discourses that had postulated the Haymarket anarchists as foreign contaminants; 3) The diminishment of Martí's authorial voice in the final section of the chronicle, which enables the voices of the anarchists to be poignantly sanctioned. Martí begins his retelling of the Haymarket Affair by encapsulating his previous claims about the relationship between U.S. labor and European revolutionism: "Como gotas de sangre que se lleva la mar eran en los Estados Unidos las teorías revolucionarias del obrero europeo, mientras con ancha tierra y vida republicana, ganaba aquí el recién llegado el pan, y en su casa propia ponía de lado una parte para la vejez" (796). This moment of foundational promise, which spurns the doctrines of the Old World and validates the promise of North American democracy is now projected as an obsolete period of U.S. history, not as a factor in the political present. After the civil war, and the rise of monopoly capitalism and immigration, Martí argues that the peaceful village of the nation was transformed into a disguised monarchy (796). Following this historical clarification, he moves his gaze laterally to consider the factor of place for an understanding of the Haymarket Affair. In Chicago, which he terms the "metropolis" of the West, several factors came together to provoke the events at Haymarket: a more rudimentary way of life, because of the absence of the cultural restraints of the East; a stronger and more unified block of workers; accelerated economic growth, which magnifies the separation of society into the haves and the have-nots; and the prominence of German radicals in the city. The stories of Haymarket and of the problems of U.S. labor thus begin to acquire a historical and local quality that was not present in the arc of Martí's previous, writings.

The emphasis on historical factors is accompanied by a rejection of the lies of the authorities and of the press. Whereas Martí's earlier accounts of Haymarket are clearly predicated on the very same enraged indignation that dominated the U.S. press, now he distances himself from these sources. He underscores the relationship between the untruths of the press and the violence of the authorities in their pursuit of criminal anarchists.

> ¿No dicen, aunque es falso, que tienen los sótanos llenos de bombas? ¿No dicen, aunque es falso también, que sus mujeres, furias verdaderas, derriten el plomo, como aquellas de París que arañaban la pared para dar cal con que hacer pólvora a sus maridos? ¡Quememos este gusano que nos come! ¡Ahí están, como en los motines del Terror, asaltando la tienda de un boticario que denunció a la policía el lugar de sus juntas, machacando sus frascos, muriendo en la calle como perros, envenenados con el vino de colchydium. ¡Abajo la cabeza de cuantos la hayan asomado! ¡A la horca las lenguas y los pensamientos! (806-807)

Martí mimics the voice of blind reaction that forbids freedom of speech and thought in the wake of the attack on police. The national press stokes the flames of rage by representing the anarchists as savages and by dwelling on stories about the grieving children and widows of the dead police (808). The country has been whipped into a frenzy of revenge by these stories; to not kill the anarchists in this culture of fear is to insult the memory of the police who died as a result of the Haymarket bomb. The spirit of this moment of reaction is communicated through the emblematic scene of the weeping wife of one of the condemned men being rebuffed when she presents a petition for clemency to a police chief. "¡Y ni una mano recoge de la pobre criatura la memoria que uno por uno, mortalmente pálida, les va presentando!" (808). Martí had once indulged in the demonization of the anarchists as monstrous men driven by hatred, but now the uncivilized sign of rage is projected onto the authorities, the press and public opinion.

Martí also rejects the trial of the anarchists as a sham, contrasting it to a succession of elevated truths, characters and scenes. After noting the corruption of the trial, he introduces a series of affirmations that indicate what should be taken as authoritative by his readers: "se probó con prueba plena... el que arrojó la bomba era un desconocido"; it is undeniable that one of the condemned men, Albert Parsons, surrendered to the police of his own will after eluding capture for months; the story of Nina Van Zandt, who falls in love with one of the condemned and seeks to marry him is deeply moving; and "Lo que sí pasma es la tempestuosa elocuencia" of the *mestiza* Lucy Parsons, lobbying for her husband's release and becoming a national leader in the labor movement (807). To the trial, emblem of anger and corruption, Martí juxtaposes scenes of self-sacrifice and love. Although this formulation undoubtedly carries with it the force of his idealism, it still marks a significant break with the national media and its prevalent calls for retribution and immigration control.

In addition to these hermeneutic and ideological shifts, Martí also rewrites his narrative of the anarchists as foreign provocateurs, an argument that had led him to support the most moderate factions in the U.S. labor movement and to echo racially determinist views about Eastern Europeans. Yet he continues to disapprove of anarchist violence as a tool for social justice, noting the ominous quality of anarchist discourse.

The native-born Parsons speaks as if cracking a whip and thrusting a knife, while the writing of August Spies is tainted by the penumbra of death (800). The shape of Spies the orator is that of a bent tree in a tempest, inciting a storm of passion in his listeners (801). Louis Lingg, a bombmaker who committed suicide in his prison-cell by exploding a fuse cap in his mouth, becomes the metaphor of the anarchist as stick of dynamite (802). Yet, the focus is no longer on these and other radicals as the importers of a foreign ideology. Rather, these men are the expression of the hopelessness and rage of the working class, the fiery projectiles of the dehumanized soul of the working poor: "...surgen de entre esas muchedumbres, erguidos y vomitando fuego, seres en quienes parece haberse amasado todo su horror, sus desesperaciones y sus lágrimas" (799). Martí thus maintains his disapproval of the anarchists while representing them more sympathetically. He proposes that their anger is not the expression of an individual insanity, or a foreign ideology, but the materialization of what lies inside the helpless worker. "Metía la mano en aquellos pechos revueltos y velludos", writes Martí about Spies, "y les paseaba por ante los ojos, les exprimía, les daba a oler las propias entrañas" (801). The violence remains (thrusting, squeezing, brandishing), in conjunction with a reference to the butchery and blood that disgusted Martí, but now the anarchists have been subsumed into the working class as its deplorable yet inexorable unfolding into despair and desperate measures. In this respect, we see how Martí successfully works toward a view that integrates his rejection of anarchist violence with his growing identification with the cause of the working class. By discarding his rehearsed criticism of anarchism as a geopolitical anachronism, and proposing it as a metaphor for the victimization of the working class, Martí integrates the field of U.S. labor into a unified whole, as opposed to dividing it into native and non-native factions, union members and non-union members or a hierarchy of trades.

Despite this adjustment to his models of analysis, Martí remains committed to the discourse of personal elevation and gently indicts workers for being led astray by their base passions. The embodiment of the anarchists as the despair of the masses points to the instinctiveness of the downtrodden, who have lost their ability to reason and are thus only capable of lashing out in anger, like cornered animals (798-799). Martí wonders: "¿Dónde hallará esa masa fatigada... aquel divino estado de grandeza a que necesita ascender el pensador para dominar la ira que la miseria innecesaria levanta?" (799). However, unlike previous criticisms of the working class, this question is asked in a sad, resigned key, not a condemnatory one.

The final section of "Un drama terrible" reveals the most intriguing facet of Martí's reading of Haymarket. Throughout his account, he maintained his distance from the anarchists while amending his historical and analytical frames to enable an alliance with the movement for clemency. When decrying the injustice of the trial his examples of pathos were limited to the women who sought clemency for the condemned, not for the condemned themselves. Although he avoids dehumanizing the anarchists as monsters as he had in previous accounts, we can see traces of the same monstrosity in their discourse, which is infernal in its extremism. The final section of his chronicle, however, proposes a vision that is at odds with the rest of the text, not only in its sympathetic view of the anarchists, but in its tone. As Martí contemplates the last night and the dawn of the condemned men, he strips his writing of much of the exclamatory authorial presence that dominates the rest of the chronicle. Now he limits himself to describing in detail the activities of the men building the death scaffold and reports snatches of conversation from guards and prisoners alike. He offers, in its entirety, Heinrich Heine's revolutionary song "The Weaver," which Engel recites ecstatically from his cell (810). We listen in to Fischer telling a guard that he is not afraid to die because he believes his death will further the cause of the working class (811). To the same query, Engel seems jocular and firm in his belief that even in death he continues his fight. We see Spies writing his final letters calmly and Parsons pacing his cell for a chorus of angels who rise splendorously to confer upon him the mantle of Elijah, and transform him into a shooting star (812). Fischer is lit with a smile and he breaks into "La Marseillaise," his head directed skyward (812). Unlike the final moments of Guiteau, which Martí had described in 1882, the condemned express themselves with great dignity. They are enjoined with songs that represent social justice, and with phrases and poses that are calm and self-sacrificing. These are not the words and acts of the prophets of destruction who represent rage, helplessness and despair, but the glow of illuminated human beings that Martí admires. Bathed in the redemptive rays of the sun, the condemned are a biblical revelation of life in the midst of flames (812). Moreover, as they are bound in leather belts for the last walk to the scaffold, the biblical theme is struck again when Martí suggests that the white shrouds thrown over their heads are like those of Christian neophytes[10].

The straightforward description of the hanging itself is one of the most powerful and chilling moment in all of Martí's chronicles. We hear the final words of the men, instants before and during the release of the trapdoors. Parsons begins to say: "Hombres y mujeres de mi querida América…" and before he finishes he falls with the trapdoor, and dies quickly (813). Spies lasts longest of them all: "cuelga girando como un saco de muecas, se encorva, se alza de lado, se da en la frente con las rodillas, sube una pierna, extiende las dos, sacude los brazos, tamborinea: y al fin espira, rota la nuca hacia adelante, saludando con la cabeza a los espectadores" (812). The final section of the chronicle documents scenes from the funeral of the anarchists, including the eulogy of their legal counsel, Captain Black, and the less exalted and charitable voice of Robert Reitzel, the editor of the anarchist paper *Der Arme Teufel*, who, speaking in German, said: "We grieve at ourselves that we did not rise in our might and prevent this crime…" (Avrich 397). This veiled call for violence perturbs Martí who, without naming Reitzel directly, describes the voice as coming from a man with a thick beard and a bitter heart (814). It would seem that the dehumanized logic of violence and its bearded ambassadors are still present on the social and political scene. To the very end, while learning how to mourn and celebrate the Haymarket martyrs, Martí also clung to his ethical stance against the anarchist cult of dynamite.

The Haymarket Affair was a foundational crisis in the history of U.S. labor because it showed the tragic extremes that were possible when workers and capitalists entered into violent conflict. The incipient American Labor movement experienced its first "red scare" and was set back for decades, although it acquired its first revolutionary martyrs (Avrich 454). In many quarters, Haymarket was also a national embarrassment that pointed to the deep flaws in the American justice system and law enforcement. Martí's treatment of Haymarket, culminating in "Un drama terrible," represents an important milestone in the development of his revolutionary thought. Martí's pre-Haymarket writings on U.S. labor cast him in the role of an idealist whose inherent distrust of economic elites is tempered by his analogical analysis of labor as a fractured and uneven field of resistance. Haymarket shook the edifice of this analytical model and shifted Martí's critique in a new direction, allowing for a closer identification with the working poor and their plight.

It is tempting to only think of Martí as the author of "Nuestra América," a complex and relevant analysis of nationalism and Panamericanism, and elide the aesthetic that underpins his development as an artist and an intellectual. As a poet, novelist and chronicler, Martí's discourse was permeated with the analogical impulse to harmonize the parts into an "illuminated" whole. This aesthetic impulse, so pronounced in his aphoristic writings, had certain limitations in his depictions of U.S. labor before Haymarket. Moreover, despite the significant shifts in his analysis of the social problematic in "Un drama terrible," it would be reductive to see this chronicle as a moment of complete rupture; the analogical impetus, and the role of knowledge as an ethical foundation for political action, will continue to be felt to the very end in "Nuestra América" and later writings, bridging Martí's earlier writings with his more revolutionary texts. After Haymarket, the quest for harmony and organicity was reframed within a new awareness of the economic and social realities of U.S. capitalism, without losing its commanding position as the foundation of his political criticism. For example, a year before his death, Martí wrote "La verdad sobre los Estados Unidos" (23 March 1894), in which he summed up the U.S. by describing it as a site of disjunction and rupture where the differences of the country's constituent parts and polities had transformed the nation into an "unnatural" federation defined by the unities of violence and injustice (*OC* II 988). The "natural" equilibrium and harmony of parts that liberty requires to thrive is absent, making U.S. democracy a fraud.

When the trapdoors of the gallows were released on November 12, 1887, Albert Parsons had begun to say, "Shall I be allowed to speak? O, men of America…" before his voice was cut short by the noose. Deeply moved by the injustice of Haymarket, José Martí continued to speak, in the name of the executed anarchists, for the poor and the hopeless, and for the Latin American republics threatened by U.S. foreign policy. Thus, the Haymarket affair underlines how Martí's familiarity with, and critique of North American current events during the Gilded Age did in fact play a substantive role in maturing his views on labor and enabling his later critiques of colonialism.

Notes

1   Este artículo se publicó en la revista *A Contracorriente*, vol. 2, no. 1 (2004): 33-56.
2   To make the dating of Martí's chronicles clear, each of my parentheticals will include the title and date of each chronicle, as well as the standard page number and bibliographical reference.
3   See Ibarra 87, Turton 87, and Foner 39. John Kirk is against periodizing Martí's political thought, and in giving Haymarket too much emphasis in his trajectory as a thinker, he concedes that the violent scenes of Chicago and ensuing trial "*ultimately* illustrated for Martí the pitfalls of North American democracy" (my emphasis) (51).

4   For more on analogy in Martí's writings, see Iván Schulman's seminal *Símbolo y color en la obra de José Martí* (34-36).
5   About Emerson, Martí wrote, "El veía detrás de sí al Espíritu creador que a través de él hablaba a la Naturaleza" ("Emerson"; *OC II* 5). In a similar vein, Martí describes a reading by Whitman as an expression of natural sounds and images, such as the rustling of branches, the beaks of birds, the flight of pollen and the expressiveness of light (95-96).
6   Paul Estrade has noted how Martí uses 'worker' and 'artisan' interchangeably during his years as a journalist in Mexico, and uses the phrase "working classes," suggesting the concept of plurality and difference within the ranks of workers (244).
7   For chronicles in which Martí defends scabs, see "Conclusión" of "Grandes Motines de Obreros" (May16, 1886) and "Las Asociaciones de Obreros" (December 1883). For a discussion of how Martí moved away from these arguments in the late 1880's see Paul Estrade (138-139).
8   See Martí's enthusiastic defense of the Knights of Labor, a powerful yet moderate union that sought to avert or resolve strikes peacefully and educate workers. During the Railroad Strikes of 1886, which spun out of control and became violent, Martí indignantly criticized Martin Irons, a labor leader whose agitation during the strike was contrary to the prudence, reason and conciliatory attitude he attributed to the Knights of Labor (April 27, 1886; *OC II* 636).
9   Based on Martí's notations in the 1887 edition of John Rae's *Contemporary Socialism* (first published in 1884), José Ballón observes that Martí's arguments about socialism, anarchism and European revolutionists may have been enriched by Rae's arguments. The suggestion that Rae is the Rosetta stone for Martí and socialism is intriguing and important. Yet, there are some problems to consider that demand our caution. In light of the fact that the annotated edition in question is the 1887 edition, I am not persuaded by Ballón's argument that Martí must have read both the first and second edition and studied the text between 1884 and 1887 (48). As early as 1882, two years before the publication of Rae's study, Martí was making arguments against European revolutionism in the U.S., arguments that Rae deploys later; see 12 March 1882; *OC II* 409 and 29 March 1883; 469. Further, as my analysis demonstrates, I disagree with Ballón's claim that between 1884-1887 Martí made class a key category of social analysis.
10 There are some correspondences between some of Martí's imagery and the speeches of the Haymarket martyrs right before their sentencing.

For example, Samuel Fielden said: "I trust the time will come when there will be a better understanding, more intelligence, and, above the mountains of iniquity, wrong and corruption, I hope the sun of righteousness and truth and justice will come to bathe in its balmy light an emancipated world" (Kogan 75-76). With regards to the notion of the condemned anarchists as self-sacrificing men, consider the powerful words of Adolph Fischer: "if I am to die on account of being an Anarchist, on account of my love for liberty, fraternity and equality, I will not remonstrate. If death is the penalty for our love of freedom of the human race, then I say openly I have forfeited my life; but a murderer I am not", Ibid. 68. Also, Spies: "if death is the penalty for proclaiming the truth, then I will proudly and defiantly pay the costly price! Call your hangman!" (65).

Bibliography

Avrich, Paul. *The Haymarket Tragedy*. Princeton, NJ: Princeton University Press, 1982.

Ballón, José. *Lecturas norteamericanas de José Martí: Emerson y el socialismo contemporáneo (1880-1887)*. México: UNAM, 1995.

David, Henry. *The History of the Haymarket Affair. A Study in the American Social Revolutionary and Labor Movements*. New York: Russel and Russel, 1953.

Estrade, Paul. "Un 'socialista' mexicano: José Martí". In *En torno a José Martí*. Bordeaux: Editiones Biere, 1974.

Foner, Philip S. "Introduction." *Inside the Monster: Writings on the United States and American Imperialism by José Martí*. New York and London: Monthly Review Press, 1975.

Ibarra, Jorge. "Martí and Socialism." In *José Martí: Revolutionary Democrat*. Edited by Christopher Abel and Nissa Torrents. Durham: Duke University Press 1986.

Jrade, Cathy. "Martí Confronts Modernity." In *Re-reading José Martí. One Hundred Years Later*. Albany: State University of New York, 1999.

Kirk, John. *José Martí, Mentor of the Cuban Nation*. Tampa: University Press of Florida, 1982.

Kogan, Bernard. *The Chicago Haymarket Riot. Anarchy on Trial.* Boston: D.C. Heath, 1952.

Martí, José. *Obras Completas.* Edited by Jorge Quintana. Caracas, 1964.

—. *Apuntes inéditos.* La Habana: Publicaciones del Archivo Nacional de Cuba, 1951.

Mestas, Juan Antonio. *José Martí: su concepto de la clase obrera.* Ph.D. Dissertation. State University of New York at Stony Brook, 1985.

Paz, Octavio. *Los signos en rotación y otros ensayos.* Madrid: Bolsillo, 1971.

Ramos, Julio. *Divergent Modernities. Culture and Politics in Nineteenth-Century Latin America.* Translated by John D. Blanco. Durham and London: Duke University Press, 2001.

Rotker, Susana. *The American Chronicles of José Martí. Journalism and Modernity in Spanish America.* Hanover and London: University Press of New England, 2000.

—. "The (Political) Exile Gaze in Martí's Writings on the United States." In *José Martí's "Our America" From National to Hemispheric Cultural Studies.* Edited by Jeffrey Belnap and Raúl Fernández. Durham and London: Duke University Press, 1998.

Schulman, Iván. *Símbolo y color en la obra de José Martí.* Madrid: Editorial Gredos, 1970.

Turton, Peter. *José Martí: Architect of Cuba's Freedom.* London: Zed Books, 1986.

WRITING THE DIALECTIC WITH COEFFICIENTS

Brian Gollnick
UNIVERSITY OF IOWA

A mentor once told me to read certain scholars as models of good academic writing. This was a practical suggestion to help me start a dissertation, but it emphasized the link between thinking and writing. Years later a student asked me for examples of good writing in Spanish. Jaime Concha's name sprang immediately to mind. Concha is among the Hispanists in the US academy whose work can be identified on the basis of style alone, but this unique form of expression can be thought of as part of his engagement with writing about history. Historical change stresses the load-bearing terms of Marxian theory, including the relationship between base and superstructure and the transition between modes of production. Style feels like a trivial issue set against problems of that magnitude, but it offers a way to understand how large-scale issues become meaningful as tools for the exegesis of cultural objects. Broad categories which lack this kind of practical implementation risk taking root too strongly in their moment and thus becoming obsolete. The style of a critic can measure the application of a conceptual framework, allowing style to participate in a dialogue which keeps theory alive and engaged with history.

The historical nature of our object of study as cultural commentators is vexing. It's one thing to say what a work *is* or *was*. It is quite another thing to say what a work *has been* or *has meant* over time. The problem of change is troubled in relationship to other objects and social processes which are themselves changing. This is not the same problem as influence. How an object has changed entails more than examining how others have reacted to it. The question of historical change is hermeneutic. Change asks about the nature of truth. This hermeneutic question has to do with our *throwness* into a temporal horizon (Heidegger's vocabulary processed through Gadamer). But the problem of change is dialectical if this term means an incomplete unfolding in time. From a dialectical perspective, we can understand that cultural artifacts, including literary texts, change in meaning not in relationship to a final truth but as a part of their being true, as part of a relationship to being. The problem of understanding cultural objects involves the problem of writing such a concept of change without creating confusion, that is, without giving the impression either that we are talking nothing more than the banality of alternate readings (everyone has his/her own interpretation) or surrendering the truth per se and agreeing that everything is moot.

It might be helpful to begin with an example. Ángel Rama was never a paragon of style. To be fair, he rarely enjoyed the luxury of working from a stable economic position and often drafted his thoughts under the pressure to earn a living in one or another context of exile. Most of his longer studies understandably cobble together earlier reflections. The internal archaeology which resulted from these needs is omnipresent in his landmark study, *Transculturación narrativa*. This book is exemplary of his style, as we can see in what is, necessarily, a long citation:

> El internacionalismo del período modernizador (1870-1910) llevó a cabo un proyecto de aglutinación regional por encima de las restringidas nacionalidades del siglo XIX, procurando restablecer el mito de la patria común que había alimentado a la Emancipación (el Congreso Anfictiónico de Panamá convocado por Simón Bolívar) pero no destruyó el principio de la representatividad, sino que la trasladó, conjuntamente, a esa misma visión supranacional, a la que llamó América Latina, postulando la representación de la región por encima de los localismos. En cambio, sí, logró restringir, sin por eso cancelarlo, el criterio romántico de lo que se lo debía alcanzar por los asuntos na-

cionales (simplemente sucesos, personajes, paisajes del país) abogando por el derecho a cualquier escenario del universo, tesis defendida por Manuel Gutiérrez Nájera en términos que merecieron la aprobación de Altamirano[1].

Here Rama is addressing how his central category for *Transculturación narrativa*, the urge for Latin American literature to distinguish itself from Spain, was adjusted to different esthetic programs and political moments. In the portion of the argument I've just quoted, Rama is approaching his overall hypothesis that during the first half of the twentieth century, Latin America's middle classes used the emergent authority of the social sciences to assert themselves as the most representative group in the region. The prose is dense as Rama circles towards this point. That density reveals one way of writing a non-static cultural history.

The problem Rama faced in asserting his argument about Latin America's middle classes can be boiled down to this: how do we account for the debts which one period owes to another? How can we talk about something like post-colonial bourgeois nationalism, which is appropriately new to a new social class but inevitably carries existing cultural formations with it, including some formations which are quite old? Stylistically Rama's answer is uncompromising. His first sentence has four independent verbs (llevó a cabo, destruyó, trasladó, llamó), two adverbial phrases introduced with gerunds (procurando, postulando), and one subordinate clause (había alimentado). The result is challenging because it draws together many ideas but it is also grammatically difficult. That grammatical density challenges readers to alter their perception of history. Rama never considered historical periods as closed entities, but he ran risks in opening established periodizations. Many labels bear the obvious shop-wear of critical concepts with a long history of productive use (romanticism, *modernismo*, the avant-garde, regionalism, the Boom, the post-Boom, etc.). Even in the hands of skilled cultural historians, these periods overlap and exercise influence on one another from the perspective of each moment having a basic meaning tied to its moment. Instead of closed periods and fixed typologies, Rama presents readers with layers of gains and losses running along oblique spirals. Those spirals reflect influence and adaptation. Crucially, Rama asks us to understand those spirals as more than the reception which a set of ideas might have in later moments. This process of change not a question of saying that bourgeois nationalism drew on Bolivarian ideals. It is, rather, a recognition that bourgeois nationalism allows us to grasp forces in the Bolivarian moment which had previously escaped the purchase of historians. The style of Rama's argument embodies this approach. His subordinations twist the sentences back along themselves. The grammar mirrors the analysis as both the sentence and the history it invokes recuperate ideas in light of what has been said before. In the end, we get a story which runs from Bolívar to Altamirano and down to Gutiérrez Nájera. These names are not authors so much as sign-posts to mutations across the independence period into Romantic regionalism, *modernismo,* and post-*modernismo.* There is a continuity within change that leads to a complex prose which goes back-and-forth as the reader struggles to pin down antecedents and answer questions such as what exactly *is* the subject of "logró"?

With that verb in particular we can sense an approach to dialectical processes. With this affirmation Rama concludes that bourgeois nationalism "En cambio, sí, logró restringir, sin por eso cancelarlo, el criterio romántico." Understanding this short phrase encapsulates his approach. "En cambio" presents a contrast, but each of its elements is already complex. On the one hand, the preceding sentence suggests that a supra-national cultural identity was built on existing nationalisms set in dialogue with an earlier Bolivarian rhetoric of trans-continental unity. In other words, it is a dialectical object in which the anti-colonial struggle articulated a continental identity. That way of thinking about Latin America as distinct from Europe, then, developed to a certain point over time in dialogue with local identities. Transnational and local are thus the tension within the first of the two objects to be contrasted. On the other hand, the relationship between specific cultural registers (e.g., Romanticism's deployment of local color) is set against a bid for universalism in the early twentieth century. This, too, is a dialectical object in which ideas meet challenges and their meaning is altered without implying an end to earlier implications. The debates between regionalism and universalism of the 1920s and 1930s work within a framework of cultural exchange overdetermined in the Spanish-speaking world by the eruption of *modernismo*, for example. Rama thus moves these two already tense objects into relation through a verbal expression which balances oppositions: "sí, logró" (a positive formulation) "restringir" (a negative). The combination of terms acquires a peculiar meaning. "Logró restringir" means to achieve a limitation, to contain the force of something. The tension of that formulation leads to a readily identifiable conclusion: "sin cancelar." This is directly, almost grammatically, the negation ("sin") of the negation ("cancelar"). We have thus, finally, arrived at a classic, even stereotypical, dialectic. We have said no to no, and the problems of analysis which Rama's prose imply can be traced directly back to an approach to history focused which understands dialectical processes as rooted in the mutation of ideas across periodizations. This not, however, the only way in which dialectical processes can be understood and written about.

Concha was a contemporary of Angel Rama's, but his approach to these matters is different and that difference can be sensed in his writing. To address Concha's style we can look at his reflections on the Mexican-born Spanish playwright Juan Ruiz de Alarcón. These essays are particularly *à propos* because they appeared during the same period in which Rama was compiling *Transculturación narrativa*: the late 1970s and early 1980s. Concha first published his work on Alarcón in venues like *Ideologies and Literature*, *Revista Iberoamericana*, and *Revista de Crítica Literaria Latinoamericana*. Even when I was an undergraduate a professor recommended these articles as examples of how to move between social and cultural history (base and superstructure). I quickly found that they were also mesmerizing to read and over the years I have returned to them as instructive pieces for thinking about cultural history.

Concha frames Ruiz de Alarcón within the "vasto proceso mundial de tránsito del feudalismo al capitalismo"[2]. This is an impossibly broad problem but it establishes historical change and mode of production as the wider issue at stake in Concha's concern with Alacrón. In Alarcón, Concha finds a figure who tore down the veils around Spain as a declining colonial power. Alarcón suggests himself as an object of study in this context because his work points at a latent "apetito de liberación"[3]. In a sense, this is the same dynamic which motivated Rama in *Transculturación narrativa,* a book, whose famous (and famously long) opening sentence announces liberation from Spain as *the* motivating gesture of all Latin American literature. For Concha's work, the urge to freedom places Ruiz de Alarcón outside the reactionary chain of development which become early modern Spanish literature. The dialectical problem is that the topic of liberation understood in this way is anachronistic. Alarcón would not have understood himself this way. Concha is aware that this central category —freedom— did not exist in the mind of the author or of anyone else in the author's time period, at least not in the modern resonance it has for Concha himself. An awareness of this anachronism places Concha in a familiar hermeneutic position. He is moving between periods of historical consciousness tied to social development. He is looking for a fusion of horizons, to use Gadamer's term. Concha's own horizon in the later twentieth century understands that due to the strength of its feudal structures, early modern Spain was not headed towards a dominant position in the capitalist mode of production. As a result of that downward historical trajectory, culture meant something in the Spanish context which has to be separated from what it would come to mean in places where a bourgeois sensibility would dominate and where a concept like national liberation would emerge.

Within Alarcón's own horizon, Concha notes that the arts were a means to curry favor. Concha calls this tendency "la parábola de los artistas," a phrase meant to indicate that in a "sociedad nobilitaria (…) ser escritor, ser pintor es un camino parabólico para ennoblecerse o para subir en la jerarquía social de la nobleza"[4]. Art was not the arms-length transaction of a commodity. The early modern Spanish system of patronage implied a transaction between artist and patron which could not be balanced like an account. There was no quid pro quo through which an esthetic object could be valued in terms of its sale. The creation of an esthetic object was a favor whose reciprocal gesture could be postponed. Indeed, it had to be postponed. The outcome of this exchange produced a benefit not easily measured[5]. To be favored within a hierarchy or ennobled (the best outcome) implied benefits —prestige or enrichment— accrued to oneself but also (especially) to one's progeny. Those benefits brought privilege in a society based on the inherent inequality of constituent groups. Obviously, this is very far from the Romanic celebration of art as marginal to market processes or the bourgeois sense of art as an entertainment or as a commodity among others. This different position of the artist within a pre-capitalist mode of production means that liberation as a truth contained in Alarcón's work can only be unfolded when art has lost the parabolic function it had for the writer himself. In other words, it is possible to read Alarcón as Concha reads him only after Alarcón's work ceased to be literature in a sense that Alarcón would have recognized. The challenge is to make this truth dialectically. The answer is to understand that despite the historically bounded nature of Alarcón in a given mode of production, we are not committing an injustice against him by reading his plays as paragons for this central value of liberation as it has come to be understood in the modern world.

Concha does not pull this historical thread of liberation through its mutations (as Rama might). Instead Concha drills deeply into the tenants of Alarcón's life *within the boundary of his own times*. Alarcón was famously misshapen: a hunchback in a society which condemned physical deformity. He was a redhead in a society prejudiced against race and complexion. He was personally and socially subordinate as the third son of a lesser aristocrat in a society which had no notion of meritocracy. Finally, he was born in the Americas. For Concha, this latter point is the most synthetic. Being a colonial becomes the crucial marginalizing factor in Alarcón's life and it makes his parabolic gesture through art all the more audacious and taxing but also extraordinary in its tenacity and partial success. Joining together the factors arrayed against him, Concha summarizes Alarcón's dilemma like this:

> Al leer [las obras de Alarcón] ahora, comprendemos que el escritor desarrolla una intensa conciencia de haber nacido mal, de haber nacido tarde, de estar situado abajo en la escala social de la nobleza, y de haber nacido lejos, en las márgenes de su patria verdadera, la metrópoli imperial. Mal, tarde, abajo, lejos: adverbios y circunstancias de la oración que pronunciará a lo largo de su existencia —la suma incomparable de sus textos dramáticos[6].

The directness of the prose makes for almost effortless reading. But clarity is part of the historical analysis. It is an approach rooted in synthesis through specificity. "Unfortunate, late, subordinate, provincial": Four words each of which condenses complex categories of the early modern social structure into a single term. Rather than trace the ideas horizontally across time, Concha arrays crucial elements with emphasis on a vertical axis, that is, with a focus on values in the early modern cultural milieu rather than mutations in meaning across time. Each element points to the ideas which gave it expression within its historical period. These values are so deeply integrated into the social fabric of early modern Spain that it is difficult to establish a historical tare weight for them, a meaning separable from the culture which gave them expression. What is left of Alarcón's concerns if we remove his work from its time period? What happens if we identify a content in them apart from their forms, the cultural vessels which have allowed us to set them on a critical scale and evaluate their meaning and their worth? The answer lies partially in failure.

After establishing how the thread of marginality functions in Alarcón along its four axes —unfortunate, late, subordinate, provincial— a crucial turn in Concha's assessment comes not in the triumph of a project but in its limitations. Concha works self-consciously against Alarcón's nationalist canonization by figures like Pedro Henríquez Ureña, Alfonso Reyes, and Antonio Alatorre.

Concha identifies instead with Maravall's assessment that the *comedia* was always reactionary. As a question of genre, the point here lies less in trying to identify something uncompromisingly positive —like the expression of a nascent national or American identity— than in tracing a collapse. What is worth recuperating in Alarcón comes from the material restraints placed on his genre (the censorship faced by public spectacles) and from the function of all expression in a declining imperial society plagued by aristocratic rigidities (the parabolic gesture). "Hay que fijarse," Concha emphasizes, not on the psychology of the characters nor on the contrived intricacies of inevitably conservative denouements, but on the social categories marshalled to create tension. The construction of these tensions, not their resolution, is key to "una captación de índole histórico-social"[7], which in Alarcón turns out to be uniquely broad. The sum of these tensions —unfortunate, late, subordinate, provincial— "nos hablan de un apetito de liberación que, *fallido y todo*, hace dramática y artísticamente significativo el teatro de Alarcón" (56, emphasis added). Concha roots these ideas in their moment and from that position points to when it is no longer possible to progress along that trajectory. What survives of Alarcón is finally to be found in negation; what kept him from realizing himself. Negation pushes the headwind against which Alarcón struggled as a colonial writer working for recognition in the metropolitan society. It is the inadequacy of his colonial status which then forms a bridge of failure from Alarcón to a mode of production which succeeded him. Mal, tarde, abajo, lejos —unfortunate, late, subordinate, provincial: we hardly need to point to echoing force of these condensations across Latin America's cultural history. They are the distant and so often distorted tones of an unrealized project whose urge to completion can only be thought of as a utopian aspiration within a dialectical history.

In the introduction to *Valences of the Dialectic*, Jameson provides two powerful models for thinking about the dialectic in terms of utopian aspirations[8]. These models draw from mathematics and physics. The first comes as a question of fractions. Because the dialectic can be seen as beginning with a binary opposition, Jameson suggests thinking about it in terms of dominant and subordinate terms set with one above the other as a fraction. He gives base and superstructure as a classic example, with the base as the denominator and the superstructure above it as the numerator: superstructure /base[9]. But dialectics asks us to understand that the base can be rewritten because it includes the relations of production and the forces of production. This gives a new, compound fraction: superstructure // relations / forces. The original opposition of superstructure and base would have us believe in the determining power of material factors (the base). The compound fraction imagines flipping that formulation and giving privilege to social factors. The process can be reiterated to produce further inversions. This ability to flip and re-flip the fraction conceives of the dialectic as a process of complications. Each complication bears a relationship to the first formulation of the equation while revealing more about it.

Jameson's second model gives a title to his book. "We can also speak," he writes, "of the dialectic as a changing of the valences on a given phenomenon, where the transformation of value and function in an altered context or system may be said to constitute a changing of its valence"[10]. This model borrows the vocabulary of chemical-electrical charge as a way of thinking about how the meaning of historical processes can be altered or inverted. The implications of this chemical-electrical allegory probably should not be carried too far[11]. Ultimately, Jameson folds this model of valences into the first model of the fraction through another term taken from mathematics. "We may also think of the change in valences," he says, "as a form of potentiation, as when a given quantity is squared or raised to a higher power"[12]. Jameson suggests we understand this final model alongside "Hegel's example of imaginary numbers." Both he associates not with "the collapse of things but rather with the very space of the imaginary, and thus the future or, in a sense, of Utopia, as yet unrealized although a conceptualized possibility"[13]. Here again the allegorical implications of the mathematical model probably should not be elaborated[14]. What matters is that the chemical concept of a valence and the mathematical concepts of a fraction or potentiation are parts of Jameson's effort to vindicate Hegel's "labor of the negative." The importance of negative thinking has to be understood here as more complex and valuable than the shop-worn formula of thesis, antithesis, and synthesis[15]. Jameson sees this tripartite model, with its conclusion of negating the negation, as "a stupid old stereotype"[16]. That stereotype has nothing to do with sophisticated Marxist and Marxian cultural criticism which has become more complicated in a field of study dominated by models of negation tied to structuralist concepts of difference.

In at least one telling detail Concha anticipated the models Jameson uses to aid in imagining dialectical processes. Concha's preferred borrow word also draws from mathematics: it is coefficient. Coefficients are factors which multiply variables. In a term like 3x, the number three is the coefficient. Coefficients can be positive or negative. A coefficient can thus alter the valence of a term. Coefficients can also be values less than one. Coefficients can thus reduce or multiply the value of a term dramatically just like raising a number to a negative power or compounding a fraction. Concha uses this mathematical term of the coefficient metaphorically to create moments of dialectical analysis which mirror the dynamics Jameson describes. A powerful example can be found in a piece which first appeared thirty years ago but which continues to resonate today. "Réquiem por el *Buen cautivo*" was published in 1986 and it offers Concha's reflections on Gonzalo Guerrero, the apocryphal Spanish sailor alleged to have stayed on with the Maya rather than join Hernán Cortés for the invasion of Mexico[17].

Concha understands the Guerrero myth as exemplifying one kind of captive narratives: that of the *tránsfuga*, or the colonizer who identifies with the colonized and chooses to live among them. As archetype of that kind of captive, Guerrero symbolizes a betrayal which flies in the face of accepted history. He presents "la sorprendente circunstancia de que el dominador 'por naturaleza' pasa a ser, en la práctica y por un tiempo imprevisible, dominado y sojuzgado"[18]. Abandoning the ordinarily obvious and unquestionably superior status of being European produces a seemingly impossible situation which can only be summarized as "el mundo al revés"[19]. In that reversal Guerrero counters Eurocentrism. He incarnates anticolonialism. Concha then suggests that the decision to abandon a European identity produces a moment in which "el orden social y el sistema de creencias en que descansa la voluntad conquistadora se ven afectados por un coeficiente de verdad que los amenaza, los erosiona o, lisa y llanamente, los deshace"[20]. To understand this coefficient of truth we can contrast Concha's assessment with more recent scholarship on Guerrero.

It's highly unlikely that Gonzalo Guerrero or anyone like him ever existed. Given that probability, Rolena Adorno has examined the archive responsible for his story[21]. Rumors of shipwrecked Spaniards preceded Cortés's expedition to Mexico but Guerrero's himself seems to have arisen out of the legal review of Cortés's tenure as governor-general. Subsequent decades saw many bits added to a skeletal biography. Adorno triangulates these additions against ideological pressures specific to their moments, including concerns with blood purity, religious orthodoxy, and cultural contamination. Later stories added a domestic angle by alleging that Guerrero had children with a Maya wife. This final configuration allowed twentieth-century writers to make him into a founding figure for nationalist ideology expressed as an allegory of racial mixing other than the example of Cortés and his indigenous concubine, la Malinche. Above all, Adorno argues that the Guerrero myth persisted in colonial times as a response to Spain's repeated failures to conquer the Yucatán peninsula. The shady figure of a white traitor leading the natives explained the Europeans' "inability to conduct jungle and guerilla warfare" while not asking the Spanish to recognize "the Mayas' expertise in war"[22]. Gonzalo Guerrero is a myth designed to sustain the imperial order by denying that colonized peoples had the capacity resist domination on their own.

Methodologically, we see Adorno's work as exemplifying an archaeological approach to cultural analysis. She exhausts a fragmentary historical record by digging at those sites where documentation does exist and showing how local factors are key to understanding Guerrero's mutable representation. These contextual exigencies do not distort Guerrero's biography. This is a crucial point. Since we are dealing with an imaginary figure there are no historical facts to be falsified. The overdetermining historical contexts entirely created Guerrero. The archaeological method thus holds that colonial writers added elements to the fictional biography in service to the dominant political system. Guerrero is a ghost excreted from the colonial mindset. He is a tool of imperialist ideology, and the archaeological analysis sketches out systems of meaning around his figure rather than establishing facts about his life. This approach feels no need to attribute veracity to its object of study. It points instead to the manifold activities of power as they assemble a *mise en abyme* of fictions.

The lucidity and erudition of Adorno's archaeology means that only a foolhardy scholar would attempt to assert the historical case for Gonzalo Guerrero. Nonetheless, a dialectic approach can make a different kind of claim around his figure without refuting the evidence and conclusions arrived at by the archaeologist. Jameson's metaphors for understanding this dialectical claim emphasize mutability. Compounding fractions allows for endless inversions and reinversions. Potentiation produces dramatic leaps in value. Chemical valences can be flipped and flipped again. Concha's metaphor of the coefficient, however, privileges stability. Coefficients are constant. They modify the variables. Mutatis mutandis, Concha's terminology invites us to think from a perspective in which the constants of a certain truth operate on the variable contents of history. Metaphorically, the archaeology of Guerrero populates an array of values to be run through the variable upon which the coefficient of truth operates. Adorno shows that in some moments Guerrero's imaginary life reveals fear of exterior alterity as the fear of cultures who tattoo and pierce their bodies. In other moments, she points to his life revealing fear of an interior alterity as in the fear of blood impurity or religious heterodoxy. He is also shown as revealing a fear of failure exterior to the colonial regime in the fear of not conquering a given territory. That exterior fear has its corollary in the fear of failure within the regime, that is, the fear that those already under dominion are not really subjugated. This last point —fear— points to a pervasive concern with rebellion: It is the fear of not detecting or not suppressing insurgency. Born of this fear, Gonzalo Guerrero's myth exceeds the historical null-point of his being a mythical figure because the persistence of his name measures the fear of something real and very important: it measures the self-doubt of the colonial regime generated by the successful resistance of colonized peoples. A coefficient of truth operates dialectically in this equation by looking at the historical archive reiterated around Gonzalo Guerrero and understanding his ghostly persistence as something more than an endless and inevitable process of domination. It is the dialectical persistence of failure.

Reading Guerrero dialectically as a measure for colonial weakness asks that we not divide the past into periods with stable names like conquest, colony, and independence if those names are meant to replace processes of change with false stabilities. The dialectical reading of Guerrero suggests that we consider in each mutable context the persistence of a prolonged will to resist, a will for liberation. This implies a re-reading of history. Famously the established teleology of colonialism pushes indigenous cultures into a non-synchronous timeline[23]. Despite decades of critique, these frameworks hold great purchase on the historical imagination. They reach even into the work of widely-read scholars like Jared Diamond, who has argued that the rise of Europe to global domination was almost scientifically inevitable due to a convergence of sociological, biological, and geographic factors[24]. In the widely disseminated timeline of colonial control, the modern nation-state becomes an unavoidable form of political organization and capitalist Europe an inevitably dominant form of culture. The possibility of a figure like Guerrero, the archetypical *tránsfuga*, works against such a teleology by returning to the moment of imposition and reminding us that from its colonial beginnings, European identity simply and plainly was not a superior way of life. This fact was a pressing ideological problem about which colonists were keenly aware. Concha makes that point in the opening gesture of his requiem for Gonzalo Guerrero. With a rhetorical flourish reminiscent of Foucault's start to *Surveiller et punir*, Concha lists what he calls "las formas del castigo." These included hanging, burning at the stake, dismemberment, and flogging in the stocks. The transgression so punished was none other than passing to live among the native peoples. The place where these cruelties were imposed was early colonial Virginia. As Concha suggests, the severity of these punishments points to the challenge, which came from the manifest comforts enjoyed by native peoples whose cultures were better adapted to the local environment than those which the white colonists brought with them from Europe. Biographically, the *tránsfuga* Gonzalo Guerrero may be a myth. Historically, the problem he represents is of a very serious moment for understanding the past.

Centuries of conquest and privation have erased the reality of European cultural relativity. Timelines which tend towards the inevitability of colonial imposition facilitate that erasure. Negation works dialectically to recuperate an alternate sense of historical possibilities. Clearly, there are multiple ways of approaching this work of the negative. Concha begins with the alterity of the past, with its difference from the present. This allows him to assert the specificity of his objects of study within their historical moments and insist upon this specificity as being unlike the present. Movement through time does not, then, have to be understood as a series of sophisticated mutations. It can be a truth which operates as a coefficient against the changing array of historical variables. This approach to a dialectical sense of history is part of Concha's style. The operations of the coefficient can be followed in the illumination of objects in context.

To conclude I want to return briefly to my own experiences as Concha's student. Part of the dissertation I wrote with his help had to do with the work of nineteenth-century US travel writer John Lloyd Stephens. In a typical moment of self-doubt I asked him if my argument couldn't be reduced to the banal assertion that Stephens was yet a Yankee colonialist. Concha said that in fact I had demonstrated that Stephens was a colonialist within the parameters of a certain time, with its social, political, and even technological boundaries. An awareness of those boundaries was the great value of my work. In subsequent years, the importance of this ability to see things in their specificity has only become more evident. Among the many things which Jaime Concha's work shows us, the value of leaning heavily into a moment is a constant. Used correctly, a single moment can illuminate not by casting a beam of light powerful enough to cross impossible historical boundaries but by reflecting a much narrower beam against an apparently distant object to illuminate our life in the present.

Notes

1   Ángel Rama, *Transculturación narrativa en América Latina* (Mexico City: Siglo XXI, 1982), 14.
2   Jaime Concha, "Introducción al teatro de Ruiz de Alarcón," *Ideologies and Literature* 2, no. 8 (178): 50, cited here after parenthetically.
3   Ibid., 56.
4   Ibid., 43.
5   Obviously, the distinction here between a commodity and a work of art draws on the concept of the gift economy famously synthesized by Marcel Mauss over the course of several decades and culminating in his *Essai sur le don* (1925). Mauss formulated his ideas in a wide-ranging dialogue including such fundamental works as Malinowski's *Argonauts of the Western Pacific* (1922). The dialectical is also working here as a part of Concha's ability to see something at work in the earlier period and in my own ability to see Concha seeing this dynamic, with Lewis Hyde's highly influential essay, *The Gift* (New York: Vintage, 1983) playing its own role in my mind.
6   Ibid., 36.
7   Ibid., 55.
8   Fredric Jameson, "Three Names of the Dialectic," in *Valences of the Dialectic* (New York: Verso, 2010), 3-74.
9   Ibid., 44-45.
10 Ibid., 48-49.
11 With regard to a chemical model for historical change, it's not hard to imagine a very wrong-headed extension through which someone might argue that just like chemical compounds, given the right con-

ditions historical phenomenon imbued with certain valences will produce reactions which lead to new compounds understood as new social structures. The application of the laws of physics to history, implied by that sort of wrong-thinking, are best left to the imagination.
12　Jameson, "Three Names of the Dialectic," 49.
13　Ibid.
14　The pitfalls in Jameson's second mathematical model of potentiation might be found, for example, in his cross-reference to imaginary numbers. Imaginary numbers designate the square root of negative values. They have nothing to do with raising numbers through potentiation. Invoking the two concepts together can only produce confusion.
15　Jameson, "Three Names of the Dialectic," 31-32.
16　Ibid., 57.
17　Jaime Concha, "Réquiem por el *Buen cautivo*", *Revista de Crítica Literaria Latinoamericana* 45 (1986): 3-15.
18　Ibid., 7.
19　Ibid.
20　Ibid.
21　Rolena Adorno, "The Narrative Invention of Gonzalo the Warrior," in *The Polemics of Possession in Spanish American Narrative* (New Haven: Yale UP, 2007), 220-245.
22　Ibid., 228.
23　The most telling and classic analysis of non-synchronous histories related to colonialism and indigenous peoples is Johannes Fabian's powerful study *Time and the Other: How Anthropology Makes Its Object* (New York: Columbia UP, 1983).
24　Jared Diamond, *Guns, Germs, and Steel: The Fate of Human Societies* (New York: W.W. Norton: 1997).

Works Cited

Adorno, Rolena."The Narrative Invention of Gonzalo the Warrior.," In *The Polemics of Possession in Spanish American Narrative*, 220-245. New Haven: Yale UP, 2007.
Concha, Jaime. "Introducción al teatro de Ruiz de Alarcón." *Ideologies and Literature* 2, no. 8 (178): 34-64.
—. "Réquiem por el *Buen cautivo*". *Revista de Crítica Literaria Latinoamericana* 45, (1986): 3-15.

Diamond, Jared. *Guns, Germs, and Steel: The Fate of Human Societies*. New York: W. W. Norton: 1997.

Fabian, Johannes. *Time and the Other: How Anthropology Makes Its Object*. New York: Columbia UP, 1983.

Jameson, Fredric. "Three Names of the Dialectic." In *Valences of the Dialectic*, 3-74. New York: Verso, 2010.

Mauss, Marcel. *The Gift*. New York: Vintage, 1983.

Rama, Ángel. *Transculturación narrativa en América Latina*. Mexico City: Siglo XXI, 1982.

'ONDULAR ENTRE SUS DEDOS LA CABALLERA DEL TIEMPO':
PASADO Y PRESENTE EN TRES POETAS CHILENAS
CONTEMPORÁNEAS[1]

Jill S. Kuhnheim
BROWN UNIVERSITY

Ha habido una larga conversación en las culturas occidentales sobre la relación entre la poesía y la historia. Desde Aristóteles, que afirmó que la poesía es más importante que la historia por hacer referencias más filosóficas, universales, en contra de la especificidad de la historia. Según su perspectiva la historia se confina a los sucesos, mientras que la poesía puede abrir camino a la especulación acerca de lo que pueda suceder. Desde el momento clásico, las concepciones de lo que hace y puede hacer la historiografía han cambiado —pienso particularmente en las conversaciones estimuladas por las ideas de Heidegger y Hayden White— pero todavía se suele encontrar la historia más en la poesía épica, narrativa o testimonial que en la lírica o poesía experimental. Sin embargo, aun en poemas que no se dirijan explícitamente a ella, la historia puede estar presente de muchas maneras: al darnos una perspectiva subjetiva sobre unos sucesos; al recordarnos versiones alternativas de acontecimientos que no debemos olvidar; al evidenciar una situación de crisis; al ofrecernos verdades alternativas en un lenguaje saturado con el contexto del momento; al presentarnos posibilidades a niveles tanto filosóficos como lingüísticos que investigan, complican, o desafían las versiones hegemónicas.

Cambian las perspectivas cuando pensamos en la historia como memoria. En su obra, *Present Pasts*, Andreas Huyssen sostiene que si bien la disciplina de la historia ancla el presente en una narrativa multifacética, objetiva, y científica del tiempo histórico, la memoria es, más bien, el territorio de los poetas (por ser más subjetiva, personal). Los asuntos de la memoria han excedido la historiografía tradicional para integrarse a los discursos públicos y la vida cultural por la explosión de los discursos de la memoria al fin del siglo 20. Si el interés en la memoria en América Latina en muchos casos tiene que ver con el trauma, en la esfera cultural de este siglo (el 21), se superan estas heridas para integrar la memoria de una manera pública y mostrar cómo se puede crear una nueva relación al pasado —y al futuro.

Como escribo en honor de mi ex profesor, Jaime Concha, mis ejemplos vienen del caso chileno: a través de la obra de tres poetas chilenas, veremos cómo su lírica distinta pero siempre paradójica manifiesta varios papeles para la poesía y la historia en la democracia. Aunque las obras que examino no son poesía testimonial ni poesía de abierta denuncia, mostrarán cómo los textos poéticos pueden recordar y a la vez continuar la memoria cultural, en términos tanto de estilo como de contenido. Así se crea un espacio comunicativo a veces persistente, otras veces rebelde, pero en todos los casos iluminado de maneras complejas por el pasado. Veremos cómo en su libro *Extraña permanencia* (2004), Eugenia Brito investiga el pasado y el presente en una obra que combina poesía y prosa para explorar la vivencia desde la perspectiva de varios personajes marginales. *Nada* (2003), de Malú Urriola, no emplea más que la voz poética que cuestiona la relación entre realidad e invención; mientras Carmen Berenguer también explora los límites de la poesía para responder a la historia local y los espacios alternativos en el presente en *mama Marx* (2006). Estas poetas comparten el hecho de ser poetas femeninas, pero hablan más por su generación que su género. El pasado que aparece en sus poemas es a veces íntimo o realista, irónico o incidental, pero en cada caso forma parte de su diálogo con la forma poética (o sea, el género mismo) y de la recuperación de voces y perspectivas alternativas en la sociedad chilena de este siglo.

Para entender el uso que estas autoras hacen de la memoria, vale la pena repasar brevemente lo que acontecía en Chile al fin del siglo 20 y principios de éste: los 90 empezaron con la transición a la democracia negociada. Pinochet no fue el encargado del país, pero prolongó su poder como el encargado de la Fuerzas Armadas, y los chilenos vivían con cambios en la constitución que aseguraban el dominio de su perspectiva. Norbert Lechner, entre otros, ha mencionado la construcción social del silencio en el país en este momento[2], pero estas poetas tienen libros publicados en esta década que no son complacientes con el estatus quo. Doce a dieciséis años después, cuando se escriben los poemarios que trato aquí, el senador vitalicio pasaba por la detención y procesamiento a la retirada de la inmunidad. Cuando murió en 2006, la presidenta Michelle Bachelet le negó un funeral de estado y hubo pleitos en contra de su viuda y sus hijos. Es con estos acontecimientos importantes realizándose que Eugenia Brito publica *Extraña permanencia* —un libro que vacila entre dos tiempos: 1975 y 1995, y cuyo título podría referirse tanto a Pinochet como a la escritura, al activismo, o a la ciudad de Santiago —microcosmos del país— porque la fechas marcan la fluctuación entre una visión de "la ciudad tomada" y "la ciudad nueva"[3].

El libro es una narrativa poética transgenérica —sería poesía si consideráramos a ésta de manera amplia: como una práctica que cruza y junta distintas maneras de crear el sentido por el lenguaje. Así no es auxiliar a la historia, sino una manera alternativa de teorizar o pensarla. *Extraña permanencia* se organiza por textos fragmentados y hay cierto ritmo por el vaivén entre trozos largos y cortos, pero no es poesía lírica; tendría más que ver con lo teatral, como hay voces, diálogo, un coro, papeles —pero a veces sin fronteras bien definidas entre ellos— y actores que se presentan en "una escena sin guion"[4]. La historia se desarrolla en un estilo posmoderno de ecos y reflejos tanto a nivel genérico como temporal. En las secciones fechadas 1975 hay una organización y un espacio —el altillo— donde actúan los personajes (Adela, Mauricio, Jacinta, Ana, Bruno) que hablan de los "proyectos de toda una generación"[5]. Uno de estos proyectos tiene que ver con contar las historias de cada uno, historias que resultan en "una sola historia: el dominio" [6]. Como dice el padre de Adela en una de las conversaciones de este año: "Chile está enteramente ocupado, hija, el país está enteramente militarizado"[7]. En otro momento Adela misma dice que "cada mente le parece enjaulada, inmotivada, caprichosa" y por eso "sostiene que hay que sortear el límite desde el cual elaboran esta propuesta"[8]. Esta última frase podría ser una guía al texto mismo porque *Extraña permanencia* es un libro que nos enseña cómo leerlo en el proceso mismo de leer —superando o esquivando nuestras expectativas genéricas. No crea solamente *un* sentido ni un hilo narrativo sino una acumulación de referencias a lo que pasa y al proceso de escritura, multiplicando así las asociaciones de manera poética.

En las secciones que tratan de 1995 encontramos a una mujer en un avión revisando documentos, un vecino mirándola mientras ella intenta encontrar "esos papeles que con tanto cuidado guardó" que tienen algo que ver con "el desplazamiento", "la imposibilidad casi radical de llevar a cabo alguna forma de organización"[9]. Hay indicios de paranoia y referencias al "Frente de la Extrema Izquierda Revolucionaria"[10] yuxtapuestas a "voces que hablan de algún edicto o una ley general" a "alguien [que] ha escapado de ese edicto. Alguien lo evitó. Alguien huyó"[11]. ¿Están hablando del presente o el pasado? ¿Es alguien del grupo o el ex-dictador que se ha escapado? La memoria existe sin fronteras aquí, el tiempo y espacio se entrecruzan, se sobreponen, formando un cronotopo que manifiesta el pasado en el presente y vice versa. Dice uno de los personajes de Brito (¿Bruno?): "Santiago es un tiempo que se acaba y no comienza nunca y Chile el sanatorio que fuimos nosotros sino las corvas batientes distantes hechas para el olvido y la mentira" [12]. Como el tiempo de la memoria, este texto no es lineal, ni cronológico ni racional[13], a pesar de las fechas particulares. Se incorporan las rupturas del pasado en el presente como parte de su re-presentación o, como dice un hablante en la penúltima página: este "texto sigue escribiéndose aunque todos se hayan ido"[14].

Eugenia Brito, quien nació en 1950, es de la generación que vivió la represión en Chile. Compañera intelectual de Diamela Eltit, Raúl Zurita, y Rodrigo Cánovas, ella pasó tiempo fuera del país durante la dictadura pero regresó en los 80 y publicó su estudio sobre la literatura post-golpe en Chile, *Campos minados* en 1990. Desafiando las definiciones tradicionales de la poesía, *Extraña permanencia* se podría categorizar como un libro de memorias poéticas y políticas, simultáneamente personales y sociales que, como sugiere Huyssen "exceden la historiografía tradicional"[15]. Brito rompe con cualquier empleo genérico esperado para cuestionar cómo comunicarse, para "sortear el límite desde el cual elabora" su propuesta[16], que es la persistencia de la lucha para unir el arte y la política en contra de una sola autoridad.

Carmen Berenguer es una poeta, performer, y cronista de la misma generación (n: 1946) y aunque dejó su país a fines de los 70, pasó la mayoría de la dictadura en Chile. Sus obras desde *Bobby Sands desfallece en el muro* (1983) o *Huellas del siglo* (1986) hasta *La gran hablada* (2002) emplean un lenguaje local en un escenario urbano para comentar la cultura dominante desde una perspectiva marginal o contra-cultural.[17] *mama Marx*, que se publicó en 2006, continúa en la misma dirección como se ve por su título, que pone la perspectiva ideológica en primer plano —tal vez con ironía, tal vez con nostalgia, tal vez con el fin de examinar la "seudoposmodernidad chilena" que ha fomentado el hiperconsumo y la desigualdad, como sugiere Patricia Espinosa. Una nota del libro viene dedicada a "Carlos Marx, Sigmund Freud y Frederich Nietzsche, los autores de la sospecha", indicando así que quiere provocar la desconfianza, la duda, un interrogatorio que se asocia con la modernidad con este trio intelectual[18]. En el lanzamiento del libro, Gonzalo Arqueros especuló sobre el título: nota que sin acento (ni mayúscula) "mama" más que "mamá" viene de "mamar", y Arqueros pregunta: ¿Quién mama? ¿Será Marx o nosotros —mamando de nuestro gran padre travestido, feminizado aquí? Desde el título se indica el cuestionamiento de papeles convencionales del género sexual en el proyecto que plantea reconstruir la manera en que vemos el mundo, releyendo el pasado en el presente.

Hay cinco secciones en esta colección que se organizan por temas: una tiene que ver con un personaje travesti que se llama "el divino Anticristo". En el primer poema, "Anticristo", experimentamos la combinación de elementos que continúan a lo largo del libro: la inclusión de espacios particulares de la vida urbana en Santiago (la Plaza Italia aquí) que unen varios momentos y nos hacen ver el siglo XXI con diversos personajes marginales. En este poema inicial "la obrera loca travesti es una aparición medieval" que le recuerda al hablante de un cuadro del 1900, pero que habita los "húmedos inviernos del modernismo" como un "siniestro espectro de ciudad nueva"[19]. Así Berenguer presenta su crónica poética que interroga el éxito económico de Chile y la tal vez irónica posmodernidad del país.

En la siguiente sección encontramos los "Oscuros campos de la república". Los campos en este caso no son regiones afuera de la ciudad sino espacios sociales de acción (para emplear la terminología del sociólogo Pierre Bourdieu) que incluyen tanto "vestigios de la Colonia"[20] como "la pequeña 'Mansión del Horror"[21] y "La Tormenta del Desierto" de George Bush[22]. Así se yuxtaponen una serie de tiempos distintos que tienen en común cierto legado de desgracia. Entre ellos son los "perdidos retazos de España" en el poema que cierra esta sección, "Oropel de púas"[23]. La poeta identifica y trabaja con los elementos de este legado, al cual ella siente la necesidad de responder y, al hacerlo, los convierte en la "fundición imaginaria de una revuelta"[24].

La tercera sección empieza con "Puente del Arzobispo" para explorar o escribir sobre los espacios horizontales de la ciudad, y es la que examinaré en más detalle. Al leer los poemas, aprendemos que el o la hablante poética es un "explorador fugitivo" que invierte la trayectoria de Michel de Certeau ("Walking in the City"), porque, en vez de hacer una retórica de su paseo por la ciudad, Berenguer hace de su poesía una caminata.[25] Con este caminante poético pasamos por varios puentes (del Arzobispo, Pío Nono, Nómade,

Zurdo) hasta llegar a dos bares —el Jaque Matte y El Castillo. El hablante-vagabundo es nocturno y deambula por la ciudad marcando las horas (2:00 am, 3:10 am, ...) en poemas separados por páginas con sólo una línea que reza en letra cursiva: "Los puentes son los horizontales dibujos / y en ellos escribo", de esta forma asociando su escritura con grafiti. A las 5 de la mañana llegamos al "Bar Jaque Matte", un poema que crea una historia alternativa de la ciudad— una emocional y generacional, asociada con el arte y los cambios sociales en Chile de este siglo.

El texto mismo (dedicado a las minas del bar), crea una atmósfera nostálgica alrededor del lugar al empezar con este verso: "El devenir es un fantasma que no asusta a nadie"[26]. El "barniz amarillo" nos remite al pasado mientras que "el carnaval posmoderno en la Plaza" apunta al fin del siglo 20 o la actualidad[27]. El bar es un famoso local bohemio que se abrió en 1971 y que durante los 90, particularmente, atraía a músicos, escritores, y artistas experimentales (como Berenguer y su amigo Pedro Lemebel). Fue clausurado en 2005 por primera vez, definitivamente en el 2008, y ahora sus vecinos son McDonald's y Pizza Hut[28]. Entonces el Jaque Matte representa un fin: de un rincón social público, un tercer espacio según las ideas de Ray Oldenburg, un espacio entre la casa y el trabajo, local, que crea un sentido de pertenencia[29]. Es un poema lapidario que representa también un fin temporal: de una época de resistencia artística que, tal vez irónicamente, no sobrevive en la democracia neo-liberal del "milagro económico" chileno.

Las dos secciones que concluyen el poemario se titulan "Filigrana" y "*Jogging, jogging* por la lengua local"; ambas continúan con el deseo de la poeta de re-escribir o dialogar con escritores y obras anteriores e investigar lo chileno a través del lenguaje. Los poemas de "Filigrana" son breves —tres o cuatro versos suspendidos en las hojas— y 17 de los 19 poemas comienzan con la palabra "podemos". Sugieren acción, pero muchas veces son posibilidades estancadas: "Podemos tolerarnos habitualmente en las / mañanas con furor y entregarnos al placer de / mirarnos solamente"[30]. Se dirige a Mallarmé en los últimos dos poemas, que dan a entender que la belleza y la experimentación formal no son respuestas suficientes al "siglo reciente":

> Todo lo podemos en estas páginas blancas como
> cojines para el sueño, mi querido Mallarmé, al
> llenarlas con plumas de avestruz.
> Por las arterias onomatopéyicas y sus bellas
> declinaciones formales en el siglo reciente,
> desfloradas y épicas enunciaciones de manchas
> y ruidos.[31]

Hay en este libro de Berenguer una tensión continua entre el pasado, tanto estético como histórico, que sigue todavía muy presente, y el contexto actual que evidencia este pasado y que se describe con imágenes sucias y hermosas. Ella crea una historia alternativa de la ciudad a través del espacio, creando a la vez una historia de espacios marginales o personales. Finalmente, el libro nos deja en un empate entre el deseo estético y la realidad de los hechos del siglo veintiuno chileno.

La tercera poeta a la que considero aquí, Malú Urriola, es de otra generación, que maduró hacia el fin de la dictadura y el regreso de la democracia. Ella nació en 1967 y publicó su primera colección, *Piedras rodantes* en 1988, seguida por *Dame tu sucio amor* (1994) e *Hija de perra* (1998) —los títulos tal vez la ubican en su generación. Por *Nada*, que se publicó en 2003, se le otorgó el Premio Municipal de la poesía y la Mejor Obra Editada el año después, y es de esta colección que escogí la cita para el título de este ensayo (que aplico a todas las poetas). Tal vez por esta cita— "Ondular entre sus dedos la cabellera del tiempo" —se nota que Urriola es la más lírica de este grupo y lo que hace en este libro es ondular entre sus dedos casi todos los temas que toca: el tiempo, la poesía, el recuerdo, los sueños, la nada y el nadar. En esta serie de poemas sin títulos la idea de la nada se transforma constantemente: "La nada no es muda y calla"[32]; "Nada, no me dejes decir nada que las palabras puedan atrofiar"[33]; "Mirar la nada enceguece. (...) De entre el silencio y la nada vengo"[34]; "Soy la nada, que nada dice y nada ve, / la que nada recuerda, / la que recuerda todo"[35]. "Nada" también se refiere al acto de nadar, una asociación reforzada por la foto de la portada que muestra una nadadora azul. Como apunta Diamela Eltit en la contraportada: aquí "la escritura es interrogada acuciosamente". Y el acto de nadar es una manera de mantenerse a flote en el mar de palabras y de cambios sociales. No es una lucha existencialista para apoyarse à la Alejandra Pizarnik, sino una lucha mucho más social, puntuada por referencias desde donde habla: la Cordillera y el Pacífico y "los miles de muertos"[36], los cuerpos en el fondo del mar de "los que soñaron con cosas azules"[37] y la presencia de los "hijos del tirano de Chile"[38]. En este entorno la hablante está "sobrenadando", como afirma en una de la páginas introductorias ilustrada con el dibujo de una salvavidas[39].

Leer la poesía de Urriola aquí no es como caminar por una zona urbana sino como soñar con múltiples espacios, personajes y tiempos: el océano, la ciudad, la noche, la poesía, la muerte, las palabras, yo, tú, nosotros, el pasado, presente, futuro, el olvido y las memorias. El poemario empieza con las palabras "Anoche soñé", y en lo que sigue a continuación emplea un lenguaje sinuoso para crear un espacio estético tanto realista como imaginario, posible e imposible, que nos hunde al mantenernos a flote.

> La historia es involutiva, un acueducto atosigado de ratas
> ¿No escuchas los sollozos del hambre que ensancha sus venas?
> Ah, qué cruel es el olvido.
> Porque la noche la estrella
> y la muerte la ronda como un cuervo fiel
> y las nubes se marchan
> como los que sueñan que escriben
> y que escribiendo podrían llegar a alguna parte
> y las horas vulnerables se confunden
> y el pasado y el futuro son una carga
> de acontecimientos que desvirtúa el recuerdo.[40]

En la página siguiente, flotando en el espacio blanco, Urriola afirma que: "No son las palabras las salvajes, /es el silencio, con sus miles de palabras innombrables"[41].

Este último verso, con su referencia al salvajismo en relación a las referencias a la historia reciente de Chile, me acordó de Adorno y su declaración famosa de que "Escribir la poesía después de Auschwitz es bárbaro". Como señala Michael Rothberg en un ensayo que cuidadosamente contextualiza esta cita de Adorno, lo que añora el alemán no es un pasado iluminado, glorioso y perdido, sino una nueva relación al futuro[42]. Afirma que Adorno plantea Auschwitz como la etapa final de una dialéctica entre la cultura y lo bárbaro que forma parte de una crítica más amplia de la modernidad capitalista. Dice Rothberg: "the barbarism or irrationality of poetry after Auschwitz is that, against its implicit intentions, it cannot produce knowledge of its own impossible social status"[43]. Para desarrollar esta idea parafrasea a Adorno al decir que la poesía es, supuestamente, una expresión individual libre y por lo tanto escribirla contribuye a esa apariencia de libertad que hace de una reflexión sobre la propia falta de libertad algo mucho más difícil. Sin embargo, Rothberg encuentra una respuesta parcial al escepticismo de las aseveraciones de "Después de Auschwitz" en la obra del mismo Adorno, en otro ensayo bien conocido, "Sobre la poesía lírica y la sociedad", en que Adorno sostiene que la poesía puede dar forma a las contradicciones cruciales en la existencia real, expresando así lo que la mímesis realista reprime[44]. Esto lo lleva a concluir que la situación paradójica del arte es que la única manera de distanciarse del cinismo es al reconocer y recordar los horrores de la época[45].

Tal vez esto sea lo que señala Urriola en su declaración en un blog spot acerca de su obra cuando dice que "Mi trabajo está puesto precisamente en tantear, sondear, bucear en la percontari del asunto de la poiesis". La poiesis puede referir particularmente a la poesía, pero también al arte más amplio de la construcción —de la historia, de la memoria, de la sobrevivencia del pasado en el presente y el futuro. La *poiesis* es un proceso activo y cambiante que construye el/la sujeto poético tanto como su sociedad, como parte de una memoria colectiva.

Estas poetas recuerdan la dictadura que vivían y encuentran nuevas maneras de incorporar la memoria desde la democracia: Brito a través de nuevas expresiones posibles del pasado y la política en su arte; Berenguer al crear un mapa personal de la ciudad en el que sobresalen lugares y maneras de perderse por el libre comercio que ha hecho del país parte de una economía mundial; y Urriola por la continua auto-indagación que nos hace ver un mundo lleno de contradicciones: "se hartó de dormir para olvidar / se hartó de olvidar para dormir"[46]. Estas tres poetas no reconstruyen el pasado, sino que muestran una manera en que se lo incorpora en el presente. No pertenecen a la generación de la posmemoria, una concepción que Beatriz Sarlo define como "la forma en que un pasado no vivido pero muy próximo llega al presente", porque todas vivieron los años del pinochetismo, aunque en distintas etapas de sus vidas[47]. Su poesía no trata la historia ni la memoria de manera temática, pero éstas se inscriben en ella como huellas, rastros que están presentes en el espacio o ambiente físico que aparecen en su escritura. Viven en una ciudad, una nación, y escriben con un lenguaje irremediablemente marcado por la experiencia colectiva y personal del pasado.

En su estudio, *Tiempo pasado*, Sarlo se enfoca en los relatos traumáticos, las historias orales y los testimonios que crean la cultura de la memoria de la posdictadura en el Cono Sur. Ella los ubica como elementos en la "reivindicación de una dimensión subjetiva" del estudio y la comunicación del pasado[48]. No incluye la poesía, sin embargo, un género que en cuanto lírica ensalza la subjetividad, pero no siempre la memoria histórica. Esto se debe, tal vez, a la distancia percibida entre la poesía y la realidad o la verdad. La lírica tiene una relación alusiva a las verdades colectivas, pero a la vez, puede ser fiel a éstas precisamente por su subjetividad. Nos ofrece pedazos de información desde niveles distintos de sabiduría: particular, lingüístico, emocional, sensual, verificable e increíble. Brito, Berenguer, y Urriola no escriben poesía testimonial, pero emplean sus poéticas distintas para reformular nuestras visiones del mundo que construyen. Así, esta poesía practica el pensamiento y nos ofrece verdades alternativas a través de sus lenguajes y estilos específicos para informarnos y tal vez alterar nuestras actualidades. Porque, como nos recuerda Guido Croxatto, las democracias no crecen en el silencio y el olvido, sino que requieren más "benevolencia y simpatía" entre los seres humanos.

Notas

1. Escribo este ensayo como una de las "amigas feministas" de Jaime Concha.
2. Elizabeth Jelin, *Los trabajos de la memoria* (Madrid: Siglo Veintiuno Editores, 2002),132.
3. ugenia Brito, *Extraña permanencia* (Santiago: Editorial Cuarto Propio, 2004), 63.
4. Ibíd., 12
5. Ibíd., 25
6. Ibíd., 64.
7. Ibíd., 80.
8. Ibíd., 74.
9. Ibíd., 50.
10. Ibíd., 78.
11. Ibíd., 45.
12. Ibíd., 154.
13. Jelin, *Los trabajos de la memoria*, 74.
14. Brito, *Extraña permanencia* ,161.
15. Andreas Huyssen, *Present Pasts: Urban Palimpsests and the Politics of Memory* (Stanford: Stanford UP, 2003), 6.
16. Brito, *Extraña permanencia*, 74.
17. Por su auto-ubicación en la periferia es que se sorprende cuando se la nombró presidenta de la Sociedad de escritores chilenos en 2012.
18. Carmen Berenguer, *mama Marx* (Santiago: LOM Ediciones, 2006), 125.
19. Ibíd., 11-12.
20. Ibíd., 48.
21. Ibíd., 41.
22. Ibíd., 39.
23. Ibíd., 48.
24. Ibíd.
25. Empleo este término prestado de Bryan Reynolds que lo usa para hablar del papel del historiador según Certeau (142).
26. Berenguer, *mama Marx*, 73.
27. Se refiere aquí a la Plaza Italia, que todos las micros servían porque "casi ningún artista de las 90 andaba en auto" dice Cristián Powditch fundador de la música electrónica santiaguina (Farías 66).

28 Roberto Farías, "El adiós definitivo del Jaque Mate", *La Tercera*, 2 abril 2011: 66.
29 Ray Oldenburg, *The Great Good Place. Cafes, Coffee Shops, Community Centers, Beauty Parlors, General Stores, Bars, Hangouts and How They Get You Through the Day* (New York: Marlowe and Co., 1989), xvii.
30 Berenguer, *mama Marx*, 93.
31 Ibíd., 99-100.
32 Malú Urriola, *Nada* (Santiago: Lom Ediciones, 2003), 33.
33 Ibíd., 56.
34 Ibíd., 58.
35 Ibíd., 70.
36 Ibíd., 35.
37 Ibíd., 40.
38 Ibíd., 42.
39 Ibíd., 9.
40 Ibíd., 49-50.
41 Ibíd., 51.
42 Michael Rothberg, "After Adorno: Culture in the Wake of Catastrophe", *New German Critique*, no. 72 (Fall 1997): 52.
43 Ibíd., 58.
44 Ibíd., 61.
45 Ibíd., 62.
46 Malú Urriola, *Nada* (Santiago: Lom Ediciones, 2003), 99.
47 "Posmemoria" es el término de Marianne Hirsch para las memorias de la segunda generación del holocausto judío, y es un concepto que ha resultado útil para las generaciones pos-dictatoriales (o de la posdictadura) en America Latina (citada en Beatriz Sarlo, *Tiempo pasado*, Buenos Aires: Siglo Veintiuno editores, 2005, 128).
48 Beatriz Sarlo, *Tiempo pasado: cultura de la memoria y giro subjetivo. Una discusión* (Buenos Aires: Siglo Veintiuno editores, 2005), 21.

Obras citadas

Arqueros, Gonzalo. "El lanzamiento de *Mama Marx* en La Morada". Presentación oral., Radio Tierra, 1 de junio de 2007. Acceso el 4 de octubre de 2016. www.radiotierra.cl/node/472.

Berenguer, Carmen. *mama Marx*. Santiago: LOM Ediciones, 2006.

Brito, Eugenia. *Extraña permanencia*. Santiago: Editorial Cuarto Propio, 2004.

Certeau, Michel de. *The Practice of Everyday Life*. Berkeley: U of California P, 1984.

Croxatto, Guido. "Los sentimientos (encontrados) de la democracia". En *Tiempo argentino*. 4 de abril de 2013. Acceso el 4 de octubre de 2016. tiempo.infonews.com/2013/04/04/editorial-99466-los-sentimientos-encontrados-de-la-democracia.

Espinosa, Patricia. "El lanzamiento de *Mama Marx* en La Morada". Presentación oral. Radio Tierra, 1 de junio de 2007. Acceso el 4 de octubre de 2016. www.radiotierra.cl/node/472.

Farías, Roberto. "El adiós definitivo del Jaque Matte", *La Tercera*, 2 de abril de, 2011: 66.

Huyssen, Andreas. *Present Pasts: Urban Palimpsests and the Politics of Memory*. Stanford: Stanford UP, 2003.

Jelin, Elizabeth. *Los trabajos de la memoria*. Madrid: Siglo Veintiuno Editores, 2002.

Milosz, Czeslaw. "Ars Poetica?." En *The Collected Poems: 1931-1987*. New York: Harper Collins Publishers, 1988. Poetry Foundation. Acceso el 4 de octubre de 2016. www.poetryfoundation.org/poems-and-poets/poems/detail/49455.

Oldenburg, Ray. *The Great Good Place. Cafes, Coffee Shops, Community Centers, Beauty Parlors, General Stores, Bars, Hangouts and How They Get You Through the Day*. New York: Marlowe and Co., 1989.

Reynolds, Bryan. *Transversal Subjects: From Montaigne to Deleuze after Derrida*. London and NY: Palgrave Macmillan, 2009.

Rothberg, Michael. "After Adorno: Culture in the Wake of Catastrophe." *New German Critique* 72 (Fall 1997): 45-82.

Sarlo, Beatriz. *Tiempo pasado: cultura de la memoria y giro subjetivo. Una discusión*. Buenos Aires, Siglo Veintiuno editores, 2005.

Urriola, Malú. "La infancia del procedimientoMalú Urriola". Blog spot. Acceso el 4 de octubre de 2016. lainfanciadelprocedimiento.blogspot.com/2007/03/malu-urriola.html.

—. *Nada*. Santiago: LOMom Ediciones, 2003.

Valdés, Adriana. "El lanzamiento de *Mama Marx* en La Morada". Presentación oral., Radio Tierra, 1 de junio de 2007. Acceso el 4 de octubre de 2016. www.radiotierra.cl/node/472.

VI. CON VOZ PROPIA

Estudiar literatura

Jaime Concha
University of California—San Diego

El tema del que voy a hablar[1], sugerido por los organizadores de este evento, tiene que ver con mi trabajo crítico, en torno al cual se me pidió elaborar algunas reflexiones. Dar cuenta de este itinerario, que es el viaje profesional que he llevado a cabo a través de años en varias universidades y en distintos países, me alerta sobre un triple peligro. Pese a mi noción laica de las faltas humanas, yo los llamaría el pecado autobiográfico, un pecado de anécdota y, el peor de todos, pecado de pasatismo. Son pecados impajaritables.

Ya he cometido el primero en ocasiones, y no quisiera reincidir. Contar el cuento desde un punto de vista personal no tiene mucho sentido porque, amén de la necesaria inflación del ego, los contextos espaciales o cronológicos tienden a desaparecer, se hacen borrosos cuando no insignificantes. En mi caso, esto no es demasiado grave, pues pertenezco a un grupo generacional que, con todas las diferencias del mundo, ha compartido experiencias comunes, lecturas, gustos, afinidades estéticas e ideológicas, etc., de tal modo que lo que diga puede valer en parte para varios compañeros de ruta. Lo autobiográfico, entonces, vendría a equivaler en cierta medida a un retrato plural, con gente que empieza a escribir, a hacer crítica literaria y a publicar allá por 1960.

Cuando cursábamos la Universidad, solíamos burlarnos de los conferenciantes que prodigaban anécdotas en sus ponencias e intervenciones académicas. La anécdota, que tiene una función muy precisa en Plutarco, es cosa de héroes, así que no cabe ni puede caber en lo que sigue. En el fondo, pertenece a otra concepción de la vida humana, a una articulación diferente de las etapas de la vida. La anécdota heroica, de raíz plutarquiana, cuya vigencia alcanzará hasta bien entrado el siglo XVIII y, entre nosotros, hasta que se cierre el ciclo de la Independencia, se ha banalizado, digamos que de "ilustre" se ha hecho "democrática". Se emparienta con lo inédito, como muestra su misma etimología. Es lo que surge en el círculo íntimo, en la voz viva de la conversación y del rumor; según sea su interés, será de radio corto o de más amplia parábola. Ya no es esa cápsula *in nuce* que, para el autor de las *Vidas paralelas*, anticipaba un destino en un pequeño gesto, en una acción o en un dicho célebre. Lo expresó magníficamente en el prefacio a su *Alejandro*:

> no es en las acciones más ruidosas en las que se manifiestan la virtud o el vicio, sino que muchas veces un hecho de un momento, un dicho agudo y una niñería sirven más para probar las costumbres, que batallas en que mueren millares de hombres, numerosos ejércitos y sitios de ciudades".

¡Habría que retener eso de "niñería"![2]

Más de alguna se colará en lo que voy a exponer; espero que sea venial.

Por último, está el pecado mayor, capital, de mirar hacia atrás. Con esto entramos de lleno, paradójicamente, en la actualidad chilena. Las veces que me ha tocado venir al país —lo hago intermitentemente, de vez en cuando— siempre he percibido que se tiende a condenar toda actitud de retrospección. Se la ve con sorna, con sarcasmo incluso —"Se quedó pegado", "está estancado", "vive en el pasado"— pareciera ser la impresión o el juicio generalizado. No quisiera convertirme, por lo tanto, en estatua de sal, con mi Gomorra a cuestas. Como diría García Márquez, con tanta gracia, con gracia peregrina: "Yo, chileno pasatista, a estas alturas...". Por lo mismo, evitaré el escollo del 73, refugiándome más bien en la década del 50, que representa para mí el ámbito de formación en lo literario y en lo político. Antes de la década triunfante y triunfalista de los 60 y del período trágico y violento que vendrá después, este primer decenio en la segunda parte del siglo pasado (1950-1960) corresponde al tiempo final del Liceo y al lapso de mis estudios universitarios. En contraste con los posteriores, este decenio ha sido poco explorado y ha recibido mucha menor atención en los estudios dedicados a Chile, tanto en la historiografía institucional como en la política y aun en la cultural. Los sesenta y los setenta, por razones obvias, se llevan siempre la parte del león. En mi opinión, volver a los cincuenta —a los cincuenta históricos— significa reencontrarse con los orígenes del Chile contemporáneo, orígenes larvados, menos visibles que el corte decisivo del 38, menos gloriosos o siniestros que lo que va a seguir, pero una etapa llena de posibilidades, esperanzas y premoniciones. En ella se echan las bases para un cambio de rumbo en el país. Y ello me permite recalcar, al mismo tiempo, que retrospección no es lo mismo que retrogradación. Confundirlas es eso, una confusión conceptual rayana en burda obnubilación ideológica. En el mundo del "post" y del "neo" en que hoy nos movemos, y en que ya se habla de neosujetos en psiquiatría y psicoterapia, el equívoco resulta más que natural.

Lectura de Un perdido

El intertítulo este —"Lectura de *Un perdido*"— puede resultar ambiguo y prestarse a más de de una interpretación maliciosa. Aclaro entonces que el genitivo aquí no es subjetivo, sino de objeto: "el perdido" no soy yo, o espero no serlo como lector, sino que se refiere obviamente al objeto que una vez tuve en mis manos, la famosa novela de Eduardo Barrios (1918), considerada por muchos como su obra maestra. "En *Un perdido*, Barrios fue el novelista por excelencia, el narrador", elogia la Mistral en uno de sus *Recados*[3]. Novela naturalista y sentimental, escrita poco después de *El niño que enloqueció de amor* (1914) y publicada con anterioridad a *El hermano asno* (1922), presenta una rara arquitectura, que más de un crítico fustigó en su oportunidad. Luego de un breve idilio en Quillota, correspondiente a la niñez del protagonista y a la protección que le brindan sus abuelos, tiene una sección más amplia ambientada en Iquique, donde el foco son las *möres* militares de jóvenes oficiales del Ejército, para concluir con una imponente tercera parte —rica, frondosa, palpitante— de la vida en la capital. Es la historia de Luis Bernales, "un perdido" que siempre he considerado ejemplar.

    He seleccionado este libro, de los varios de narrativa nacional que leí tempranamente, porque por alguna razón psicológica que no he podido esclarecer (ojalá no sea psicoanalítica), es una de las novelas que recuerdo con más nitidez. Algo había en ella que me tocaba profundamente, que me hacía simpatizar con el personaje y con algunas de las mujeres que allí aparecían. Mucho después, muchísimo después por cierto, ya en posesión de una conciencia crítica, comprendería el contraste polar que instauraba con *Martín Rivas*. En mi recuerdo, sitúo el contacto con estos dos relatos en lugares separados de la casa: uno, en el salón, eso que después dio en llamarse *living*, como si todas las demás piezas fueran solo *dying rooms*; otra, en el comedor adyacente. La primera la leí recostado en un viejo sofá; por eso, mientras me sumergía en las páginas de Blest Gana, la periferia de mis ojos entreveía lo ajado y lo raído, pedazos desteñidos de un gobelino. El otro, en cambio, lo leí entre las prisas del almuerzo, sentado, con el libro ante los ojos y la cuchara en ristre. Pese a la abundante bonhomía de don Alberto, su personaje siempre me cayó antipático, siempre ha sido para mí un prototipo de la peor chilenidad. Prejuicio mío, sin duda; muchos dirán craso error. Veo a nuestro Martín como uno de esos ejecutivos de hoy que nos bendicen con riqueza y desigualdad, o como uno de los ministros y parlamentarios que elegimos para que nos gobiernen en el mejor estilo de nuestra "impoluta" tradición republicana. Aunque resulte un clisé decirlo, el hamletiano "algo huele mal en Dinamarca", aplicado hoy a nuestro país, resulta ser apenas un tétrico eufemismo. Mudando de arquetipo, hoy somos los daneses de la América del Sur. Así, mala onda con uno, con Rivas, buena onda con su antípoda. Frente al trepador social, al arribista de cuerpo y alma que encarna el héroe del siglo XIX, Luis Bernales es la otra cara de nuestra sociedad, su curva descendente en el XX, un tránsfuga instintivo del poder y del dinero. A menos de dos años de distancia de que Alessandri se instale en la Moneda son su "querida chusma" hecha de empeñosas clases medias, Luis Bernales les da la espalda, subvive y sobrevive en tugurios y tabernas de la capital. Su ética, disfrazada de debilidad psicológica, desanda, deshace el camino del país. La vida fluye por el centro de la ciudad, como puede apreciarse en esta soberbia descripción de la Mistral: "En... *Un perdido*, (nos dice) Barrios, como los grandes novelistas rusos, se entra en la marejada de la vida, buceador vigoroso. Es una obra densa de acontecimientos, noblemente desnuda: el estilo se olvida para dejar el relato solamente erigirse como un inmenso bajo relieve, quemante de verdad y torcido de dolor"[4]. Al final del relato, vemos a Luis Bernales al margen y fuera del turbión de vida que circula por Santiago.

He traído a colación esa novela, no tanto para introducir una lectura ulterior (que ensayé en la Universidad Austral primero y luego, si mal no recuerdo, en un seminario de la Universidad de Concepción), sino para ilustrar lo que podría llamarse el momento del lector y las circunstancias que en mi caso lo rodearon. Los que estudiamos literatura, los que decidimos dedicarnos a la literatura para ganarnos el pan con el sudor de los lentes (como diría Floridor Pérez), todos descubrimos en cierto momento la situación de lectura, la conciencia de que estamos leyendo. Más que esa revelación del yo, que con tanto exceso proclamaba Otto Weininger en *Sexo y carácter* —libro a mi entender malsano porque (lo digo con un poco de vergüenza) propagó e infundió en nosotros una cierta misoginia de pacotilla[5]— es el descubrimiento de este yo lector el que importa recalcar. Este *cogito* de lector —leo, luego existo— es algo que surge relativamente pronto en el desarrollo personal. Evidentemente, las precocidades requeridas al que va a ser un estudioso de la literatura no son las mismas que se exigen a quien aspira a ser músico o matemático. Ahí, las biografías (también la leyenda) señalan prodigios y narran toda clase de milagros. Más modesta, más sobria, menos temprana en general, la afición por la lectura empieza cuando contemplamos —sorprendidos, fascinados, desazonados a veces— los poderes del lenguaje, el misterio de los signos, las imprevistas y extrañas asociaciones que nos urden la mente y la memoria. Lo digo desordenadamente, porque solo luego, cuando uno se pone a reflexionar, todo esto se ordena, entra en cauces propios y se distribuye en planos y categorías precisos. Por el momento —el momento inicial y augural de la lectura— todo existe con fluidez, en plena efervescencia. En un tema inmenso y complejo como este, al que tanto han contribuido grandes espíritus, solo quisiera tocar un punto que es decididamente transpersonal, aunque no impersonal, pues exige previamente la experiencia misma de la persona.

El primer dato en la situación de lectura es probablemente la suspensión de la relación con el mundo —o, para ser menos grandilocuente— con el entorno. Es la *epojé* de todo acto de leer, poner entre paréntesis nuestra circunstancia. "Sumergirse en la lectura", dice la expresión corriente, que alude justamente a eso: sumergirse en la corriente de los signos, en un medio ajeno al aire que respiramos. Creo que Jaime Quezada, en su hermoso libro sobre *Bolaño antes de Bolaño*, ha descrito muy bien al artista cachorro, allá en su casa de México, absorto todo el día en lecturas literarias[6]. La *epojé* no es absoluta, obviamente, ni tampoco definitiva. Una mínima interrupción nos devuelve al ámbito inmediato: nos saca a flote. Sin embargo, como esencialmente constitutivo de la experiencia, como algo inherente a la estructura y peculiaridad del fenómeno, se da el proceso de irrealización. Cuando estoy suspenso, mientras estoy absorto, me irrealizo en cuanto yo porque entro en la irrealidad de lo que leo. Esa irrealidad me irrealiza. Entre el libro y mis manos, entre el libro y mis ojos, yo me anulo, y paso a ser simplemente una conciencia parásita, que vive en simbiosis con lo que leo. Pero suspensión e irrealización no me desconectan completamente de la realidad; por el contrario, me la amplían y profundizan. Dicho de otro modo, la irrealización del sujeto no pone fuera de juego lo real, sino que más bien lo afirma y lo confirma, revelándolo plenamente a partir del decir poético o de la ficción. Mientras leo *Un perdido*, mientras recorro ansioso su segunda parte, no estoy almorzando en mi casa de Valdivia, sino que vivo en Iquique, me asocio con esos jóvenes cadetes que recorren sus calles y van al burdel, soy parte de ellos. No hay lluvia conmigo, estoy bajo el sol, junto a las delirantes casas blancas que solo conoceré después. Me proyecto, me distancio de mí mismo, estoy allá y no acá, mi yo lector consiste en que "yo ya no soy yo". Borges ha llevado hasta un extremo esta dimension irrealizadora, creando una metafísica que raya en el berkeleyismo. Confundía Buenos Aires con Ginebra, por decir lo menos. En su caso, y sin bromear demasiado, yo diría que es bueno ser lector, pero no bibliotecario. Cuando se lo es, los estímulos externos que quiebran la concentración son mucho menores, casi inexistentes. En cuanto a mí, muy lejos de Babel, cuando me traen el segundo plato, dejo de estar en Iquique pasándolo bien, y vuelvo, ¡ay!, jocundamente, *chez moi*.

Esta irrealización que nos abre a lo real ha sido bien descrita, fenomenológicamente, por el primer Sartre, no tanto en su pequeño y notable libro *L'imagination* (1936), sino sobre todo en el brillante escrito *L'imaginaire* (1940), uno de los estudios más profundos y completos que conozco acerca del campo imaginario y de los procesos y modalidades de la conciencia imaginante, desde la común y natural hasta la hipnagógica y la onírica. Toda la "familia de la imagen" como él la designa, resulta ahí explorada sistemáticamente. Si en el primer opúsculo mostraba ya que no era posible concebir la imagen como subordinada al concepto o como un simple eco de la sensación, según sostenían la filosofía moderna y la teoría positivista ("repeticiones espontáneas", simple "reviviscencia" en la vena de Taine), en *L'imaginaire* la noción clave y hasta cierto punto organizadora es la de la "nada creadora" (*néant créateur*), que será fundamental para la ontología posterior del *El ser y la nada* (1943). (Hay que entender, con todo, que la reflexión sartreana se sitúa antes, bastante antes, de que el redescubrimiento de Saussure venga a complicar el cuadro con la mediación lingüística arrastrándonos a eso que Grínor Rojo, con toda razón, ha denominado "lingüistización" de lo real). Una de las características principales de la imagen es, para Sartre, el "que la conciencia imaginante tematiza (*pose*) su objeto como una nada". Lo aclara en seguida: "Por más viva, por más emocionante, por más fuerte que sea una imagen, ella da su objeto como no siendo"⁷ (30 y 34-5). De acuerdo con esta perspectiva, que liga íntimamente la imagen a una cualidad afectiva emocional, cuando leo, produzco imágenes que me exilian del campo perceptivo y me introducen en la esfera de "el ser y la nada", esto es: intuición de lo inexistente, presencia del objeto ausente, cuasi-presencia de este en la conciencia que imagina. Esta nadificación, o "neantización", que es la porción de ausencia que habita la plenitud de lo presente, me crea y recrea el ser en la medida en que estoy leyendo. En otro de sus tempranos escritos fundamentales, *La trascedencia del ego* (1938), Sartre lo expresa con máxima claridad: "El resultado no es dudoso: mientras leía, había conciencia *del* libro, *de los* héroes de la novela, pero *yo* no habitaba esta consciencia, ella era solamente consciencia del objeto y consciencia no posicional de sí misma"⁸. Comprensión opuesta a la de Borges, como se ve, que será el núcleo de la filosofía sartreana previa a su adhesión al marxismo y también de su narrativa de preguerra (la de *La náusea*, no de *Los caminos de la libertad*). En ambas, en substancia, se despliega una metafísica que deriva de la experiencia del creador y del lector. Si dudas hubiera, su autobiografía terminal, *Les mots* (1964), lo garantiza cabalmente. El autor crea su mundo a partir de la nada, nadificando el ser; el lector recrea ese mundo dotando de ser a las cosas irrealizadas, a las que cuasi ve. La gran continuidad entre sus primeros libros se advierte, amén de muchos indicios, sobre todo en que, al inicio y bajo el signo de Descartes, *El ser y la nada* sitúa en la imaginación el puente concreto entre las cosas y la conciencia: la substancia pensante y la substancia extensa según Descartes, el "en sí" y el "para sí" en la terminología de Sartre. Más adelante, la cuestión de lo imaginario reaparecerá en la célebre descripción del garzón de café, que escenifica los avatares de la mala fe recurriendo al módulo de la imitación ya puesto en evidencia en *L'imaginaire*. De este modo, con Sartre o sin Sartre, la lectura se nos revela como sístole y diástole entre el yo subjetivo y el vasto paisaje de las cosas: me sumerjo en mí mismo para captar mejor la pureza y las escorias de lo real.

Más sutil es el elemento que enhebra asociaciones, distracciones, que se llevan a cabo en el acto de leer. Son los flecos inevitables de la lectura. Si es otra exageración de Borges el que de un libro, de un inmenso libro como el *Quijote*, por ejemplo, uno saque y se quede apenas con una vaga impresión, es muy cierto que después de una lectura, por más intensa y concentrada que sea, uno suele extraer una nebulosa de impresiones. La claridad solo viene después, cuando se hurga en la memoria y se somete a análisis lo que se ha frecuentado. Ahora bien, este pulsar de la distracción, este sistema de asociaciones, nunca ha sido explorado, que yo sepa. Mientras Freud sometió a un estudio riguroso los procesos inconscientes, si bien estudió la "psicopatología" de los olvidos, de los errores, de los lapsus, etc. y los mecanismos del chiste, este otro dominio ha sido siempre, me parece, una *terra incognita*. Al leer proyectamos nuestra vida en el texto que nos convoca, y todo esto pertenece no necesariamente al imperio del inconsciente, sino a lo que la psicología del XIX y de comienzos del XX solía llamar "subsconsciente", ese fluir de instancias que no emergen en el sueño ni tampoco de nuestros traumas, sino en nuestro constante divagar, en la parte de vida en "abstracción" (en el sentido, obviamente, no intelectual del término: no la calidad de lo abstracto, sino la condición de quien se abstrae). Es otra lógica y otra red combinatoria las que aquí se despliegan, absorbiendo los resquicios del azar e incorporándolos al determinismo absoluto que Marthe Robert atribuye a la concepción de Freud, enriqueciendo regiones de la psique no considerados por este. Hay siempre en los bordes de toda lectura una franja de *rêverie*, que es parte substantiva de nuestra comunicación con el texto. Ramificaciones, filigrana del tejido que es el texto. Bachelard, en algunos de sus libros no epistemológicos ni elementalistas, explora a veces esas zonas, a las que llama *rêverie* propiamente tal, a veces *songe*. Este es siempre un ingrediente constitutivo que interviene en la serie de distracciones/abstracciones que el texto nos provoca. Leo; de pronto, algo se interpone y cruza mi memoria. Leo, y este pasaje me recuerda tal evento, que me hace divagar y ronronear, de tal modo que la lectura ya no es pura —pureza de signos y de imágenes—, sino una mezcla de yo irrealizado por el libro y un sujeto que vuelve por los fueros de su vida y de su pasado. Esta lectura irrealizadora no me aliena, sino que me integra, pues se integra a mí mismo, a mi propia circunstancia. Se lee no solo con los ojos, ese cerebro puertas afuera que todos llevamos por delante, sino cuerpo adentro, con todo el peso del pasado. Es el pliegue inmediato de donde empieza a emerger el contexto, ya como un continuum entre lo que leo y mi experiencia real o posible, ya como plena discontinuidad, como choque o crítica entre la letra y la substancia de lo que puedo observar. Porque este yo "perdido" en *Un perdido* lo hacía en una casa, en un barrio periférico de una ciudad del sur, pertenecía a un grupo social más bien de capa caída, a una provincia con indios casi invisibles y alemanes omnipresentes, etc., más una oscura, aun indefinida, conciencia de ser parte de un país. Ahí, frente a mi casa, llegaban los cesantes de Corral que habían emigrado con sus familias en botes remontando el río. Cerrados los Altos Hornos del puerto, instalada en Concepción la siderúrgica gringa de Huachipato, las familias de los pobres se hacinaban en el barrio. Eran corralinos o corraleños, según se vacilaba en llamarlos en nuestras partidas de fútbol o en los bares de la esquina.

De la politique avant toute chose

Estoy en la fila, en el patio chico de mi colegio. Dos compañeros de curso, niños de mi edad, se trenzan en un altercado verbal que casi los lleva a las manos. ¿Qué ocurre? Me entero de que uno de ellos defiende a González Videla, el otro está por el doctor Cruz Coke, candidato social-cristiano de la época. Es mi primera experiencia política y una temprana señal del civilizado país en que voy a vivir.

Con el triunfo del candidato radical, apoyado por comunistas y otras fuerzas de izquierda que habían conformado el reciente Frente Popular, Chile entraba en una nueva fase de su historia, presionado por las circunstancias determinantes de la posguerra. Estas eran una de orden mundial, el origen de la Guerra Fría, otra ideológica que nos tocaba directamente: la emergencia de la Democracia Cristiana como fuerza internacional en varios países occidentales. Ambas estaban muy ligadas, como muestra el doble hecho de los asesores católicos de Truman, sobre todo para el área latinoamericana, más la conexión ampliamente comprobada de la Iglesia Católica norteamericana con el maccarthismo. El cardenal Fulton Sheen, hoy caído en fructífero olvido, era una voz vociferante que desde luego no clamaba en el desierto. El poderoso prelado que, en 1944 , había publicado una gruesa *Vida de Cristo*, ahora, en pleno 1948, daba a luz un oportuno y oportunista *El comunismo y la consciencia de Occidente* (*Communism and the Conscience of the West*). El primer libro comenzaba con una frase de antología: "Satan may appear in many disguises like Christ" ("Satanás puede aparecer bajo muchos disfraces, como Cristo"); y en seguida embalaba: "It may be very well that the Communists, who are so anti-Christ, are closer to Him than those who see Him as a sentimental and a vague moral reformer. The Communists have at least decided that If He wins, they lose" ("Puede muy bien ocurrir que los comunistas, que son el Anticristo, estén más cerca de Él que los que ven en Él un reformador moral vago y sentimental. Ellos han decidido que si Él gana, ellos pierden"). Se ve: el dilema, muy norteamericano, es el sempiterno entre perdedores y ganadores, entre *losers and winners* y, con hipérbole maniquea, entre el comunismo y nada menos que Dios[9]. Sheen, en esto *rara avis*, representa un apocalipticismo de derecha, cuando normalmente el *Apocalipsis* ha sido empuñado por los pobres del mundo. Los libros de Monseñor Sheen no son a mi juicio luminosos: son solo voluminosos.

A quien tenga un poco de sentido de la historia y de los poderes fácticos que influyen en ella, no dejará de sorprender el extraño sincronismo que, cual reguero eléctrico, une el discurso de Churchill en Westminster College (Fulton, Missouri), las crisis de Irán y de Grecia, la doctrina Truman expuesta ante el Congreso norteamericano en marzo de 1947 y la voltereta de nuestro presidente criollo a fines del mismo año que lo lleva a promover en el siguiente la Ley de Defensa de la Democracia. Sin caer en los fáciles sofismas y paralogismos hace tiempo denunciados por Mac Iver en su clásico *Social Causation*, es imposible negar que todos estos hechos están interrelacionados en una cadena de causalidad[10]. Todo en un todo perfectamente articulado como ratifica, por si dudas hubiera, el libro de Claude Bowers, embajador de los Estados Unidos en Chile a fines de los cuarenta[11]. Se sabe lo que pasó durante la dictadura civil de González Videla, desde 1947 a 1952, así que no es necesario repetirlo.

En este marco de fuertes cambios políticos, hay que hacer notar que la Falange Nacional de ese tiempo, el grupo capitaneado por Frei y Bernardo Leighton, vota contra la promulgación de la Ley Maldita. Antes, el diputado Frei había renunciado a su cargo debido a la represión ocurrida en Santiago en 1946, la que constituye, como se sabe, uno de los núcleos centrales del *Canto General* nerudiano. Mi profesor de Historia de Chile, Eduardo König, que en la secundaria nos enseñaba al dedillo los meandros de nuestra vida nacional, despotricaba destempladamente contra ese grupúsculo que muy pronto, en 1957, daría origen al Partido Demócrata Cristiano. "Son cripto comunistas", decía él, que era un social-cristiano al estilo de Cruz Coke. No sé cómo reaccionaría ante la fusión de su tendencia política, primero en la Federación Social Cristiana y, luego, con la creación del nuevo Partido. El social cristianismo y la Democracia Cristiana, que se desprendió con más ruido del viejo Partido Conservador; databan en el fondo de las Encíclicas de 1891 y de 1931 y buscaban fundar una tercera vía política, sin las taras de un capitalismo individualista (según decían) con sus secuelas de explotación y rapacidad ni los peligros de un socialismo ateo que propugnaba una ideología de violencia y de lucha de clases. Curiosamente, y en pleno contraste con esta voluntad de estar por encima del bien y del mal, Radomiro Tomic pronuncia un discurso en la Cámara de Diputados (agosto de 1947) en que se abandera sin asco con la causa norteamericana. Tal fue esa doctrina que se desprendía paulatinamente de los pañales fascistas que la habían envuelto al nacer y que pronto los llevaría, como aliado de la Alianza para el Progreso, a impulsar la Reforma Agraria durante la primera fase del gobierno de Frei con caracteres comunitarios, creando pequeños propietarios de la tierra. El libro de Aníbal Pinto Santa Cruz, publicado a fines de los cincuenta, *Chile, un caso de desarrollo frustrado* (1959), sin duda influyó en esta estrategia rural, pues allí el economista hacía prodigios para justificar una reforma del agro chileno que no fuera ni radical ni revolucionaria, limitándola en extensión y profundidad. Otro libro importante e inspirador en esa época fue, si no yerro, el de Jorge Ahumada, *En vez de la miseria*. En él se habla de "la crisis integral de Chile" y se empieza estableciendo el contraste entre "la sórdida pobreza de los más" y "la ostentación orgullosa de los menos"[12]. ¡Esto, en 1958!

La nueva fuerza política conllevaba un proyecto cultural mucho más consecuente y global de lo que se ha juzgado hasta ahora, que merecería ser analizado en todos sus aspectos y pormenores. Además del objetivo principal, propiamente político, de acceder al gobierno para realizar su programa, el aspecto proselitista se manifestó sobre todo con la injerencia en las principales universidades chilenas, con vistas a controlar las federaciones estudiantiles. Cerca del Hogar Universitario de Concepción en donde residí por tres años, había un Hogar Católico, con su párroco y todo, y una sede de jóvenes católicos que solían paliquear en el umbral con sus novias, todas señoritas decentes, de muy buena familia. La lucha era obviamente entre masones y pechoños; las consignas, imagínense ustedes, nada menos que la Libertad de Enseñanza y el Estado Docente, todo lo cual olía a rancio siglo XIX. Curiosamente, la Libertad de Enseñanza era vitoreada por huestes católicas que, como ustedes saben, han sido siempre un ejemplo de tolerancia a lo largo de la historia. En lo cultural, la proa ideológica y material más saliente la constituían las publicaciones de la revista *Política y espíritu* y de la Editorial del Pacífico, que desde mediados de los cuarenta propagan el ideario social demócrata cristiano, sacando a luz las principales obras de los líderes del movimiento: Silva Solar, no sé si Chonchol, desde luego Frei, quien viene escribiendo desde los 30 y que publica allí, en los cincuenta, sus dos obras más conocidas: *La verdad tiene su hora* y *Pensamiento y acción*. A la vez, la Editorial del Pacífico lanza al mercado una avalancha de literatura típica de la Guerra Fría, novelas, testimonios y ardientes denuncias contra el comunismo esteeuropeo. Best-sellers preferidos de esos años, que hacían nata en las vitrinas de libros a través del país, eran (en mi memoria) el húngaro Zilahi Lajos, el rumano Ventila Horia, el chino Lin Yutang, entre muchos otros. Creo que así pude conocer el *Doctor Zhivago*, poco después del Premio Nobel de Pasternak (1958).

Existe una interesante convergencia, afinidad a veces, entre el proyecto cultural democristiano y la nueva literatura que empieza a surgir por esos años, más en la narrativa que en la poesía. Me refiero, por supuesto, a la zarandeada Generación del 50. Aunque difícil en términos conceptuales, porque es imposible determinarla con precisión, hay una conexión evidente entre el hecho literario y la "política y espíritu" del grupo. Temas, preocupaciones e inquietudes generacionales reflejan actitudes y ansiedades que la elite del nuevo movimiento busca encauzar. Los factores indispensables para la formación de las élites están todos allí, compartidos, si no por todos, por la mayoría de sus miembros: origen familiar, fortuna, educación, prestigio social y cultural, etc. A casi todos es común el peso de la tradición religiosa. En las primeras novelas de Enrique Lafourcade, el jefe generacional; en los relatos tempranos de Jorge Edwards y, sobre todo, en la extraordinaria cuentística de Claudio Giaconi, por desgracia muy exigua, y en las notables narraciones de María Elena Gertner, aparecen crisis religiosas, la angustia adolescente, un orden familiar resquebrajado, la insatisfacción espiritual que reina por doquier. Donoso, que también comienza bajo ese signo pero con una modalidad muy suya, creará un universo propio y original que en gran medida trasciende lo alcanzado por sus compañeros de ruta. En realidad, el exponente más representativo del grupo no es (a mi ver) un novelista, sino el dramaturgo Egon Wolff, quien como nadie escenificó el orden implícito de temores y frustraciones que latía allí, subyacente. Los dos Encuentros de Escritores Chilenos realizados en 1958 (enero y julio), que organizara Gonzalo Rojas en Concepción, resumen bien la consciencia que tenían estos nuevos autores acerca de su proyecto literario. De hecho, el panorama de los cincuenta, en lo que toca a este orden de cosas, es mucho más rico y variado, pues en él coexisten los jóvenes que gravitan en torno a la figura de Roque Esteban Scarpa, con las importantes publicaciones de la colección *El espejo de papel,* representativa de una apertura comparatista más allá de las fronteras nacionales. En una de las antologías de *El joven laurel* (1955), Scarpa habla en el prólogo de "la eterna voz del Espíritu". ¡Así, sencillito! Este Espíritu, siempre con mayúscula, será el eslogan ideológico constante y el tic propagandístico del período y de la nueva política. Si hay un autor, de esos novelistas medios que por su mismo nivel y carácter expresan con mayor claridad la "tendencia" (en el sentido de Lukács) de las fuerzas en juego, yo destacaría a José Manuel Vergara, cuyas novelas, hoy bien olvidadas, conjugan el simbolismo bíblico y la alegoría política con un internacionalismo algo externo, unido todo a los típicos prejuicios del elitismo espiritual. Un amigo mío, Alfredo Barría, aplicó al análisis de dos de sus obras, *Daniel y los leones dorados* y *Don Jorge y el dragón,* las ideas críticas de la famosa *Situation* sartreana contra el catolicismo de François Mauriac, viendo agudamente (en su Memoria de Prueba de la Universidad de Concepción) cómo se entrelazaban en ellas una noción de libertad espiritual del todo postiza con un estrato de novela policial o criminal que hoy haría las delicias del mundo académico. Tal vez habría que releer a Vergara y observarlo con los criterios vigentes de la crítica universitaria.

Naturalmente, no es esta la única línea narrativa existente por esas fechas. Junto a ella, sobresale la autoficción de Manuel Rojas, que con su gran tetralogía impondrá un tipo de novela social que quedará bloqueada en los casos de Varas y de Alfonso Alcalde. Hay también rezagos. El rezago corresponde a la literatura criollista, que ofrece en la década sus últimas manifestaciones, los frutos tardíos. Paradojalmente, la novela final de Mariano Latorre, fundador del movimiento, será *La paquera* (1958), en que el gran narrador de tema campesino deja el campo y emigra a la ciudad. Por otra parte, su brazo derecho y colaborador en el proyecto criollista, Luis Durand, publica por esos años su novela más popular y difundida, *Frontera* (1949). Quizá valga la pena una pequeña, brevísima, digresión sobre esta obra que no figura (estoy seguro) en el tapete de la actualidad literaria.

Como viajaba bastante en los trenes del sur, vi a veces, siempre en vagones de tercera, a gente que se entretenía con un libro. Algunos pasajeros lo comentaban y discutían. Todos parecían hacerlo con placer. Por curiosidad, lo obtuve, lo hojeé, pero no entendí mucho. Me faltaba conocimiento de la región, además de que ya en ese tiempo me empezaban a interesar otras cosas. En todo caso, quedé algo excitado por ciertos ecos eróticos del relato y que, *hélas!*, cuando lo releí hace un par de años para una reunión en la Universidad de la Frontera que finalmente no fraguó, comprobé que mi edad e imaginación los habían agrandado. Quedé decepcionado.

Situada a fines del siglo XIX, *Frontera* es, en gran medida (aunque no únicamente), una apología y mitificación del pionero moderno en una Araucanía ya "pacificada", concretamente en la zona entre Angol y Traiguén. Su contexto más amplio es doble: el fin de la guerra del salitre y la colonización de los nuevos territorios en el sur. Norte y sur se entrelazan vivamente en la novela, delineando una tensión que va a culminar con la revolución del 91, en plena capital.

Una sola observación estructural, si se me permite. Igual que sucedía con *Un perdido*, el plan de *Frontera* contiene una evidente desproporción. De sus dos partes, la primera ocupa más de dos tercios, cubriendo por el contrario apenas unos meses de historia; la segunda, en cambio, comprimida en extensión, abarca cinco años de vida del protagonista después de 1891. En la primera hay una rica interacción humana, con una gama interracial de chilenos, franceses, ingleses, mapuches, etc. En la siguiente, hay solo frustración, desánimo de un personaje ya sin norte en la vida, que ni siquiera un amor tardío es capaz de vivificar. En una el tiempo se contrae, en la otra el tiempo se dilata prolongándose sin brújula alguna. Otra vida malgastada la de este Anselmo Mendoza. Al parecer (es solo una conjetura), el autor no quiso o no pudo enfrentar la catástrofe del 91, que está apenas esbozada. A la energía bélica del norte, a la energía colonizadora del sur, sigue una anemia histórica que vacía al país de toda energía. Si De Certeau tuviera razón con su audaz hipótesis de que el papel que han cumplido las matemáticas para las ciencias exactas es el que cumple la literatura para la historia[13], entonces estas novelas —las de Barrios y Durand— captarían una parte importante del orden implícito en nuestra historia. Serían dos jalones significativos; sus héroes —Bernales y Mendoza— dos "vidas paralelas" nada ilustres pero muy representativas de una misma sociedad condenada a la frustración.

Como cualquier período histórico, la década de los 50 fue un lapso complejo y proteico, más aún si la memoria lucha arduamente por seleccionar los datos que la impresionaron. El turbión ibañista, que hizo de un dictador de tiempo atrás un nuevo candidato amado por socialistas, termina cristalizando, al fin de su reinado, la típica tripartición de la política chilena: derecha democrática con Alessandri, centrismo de la DC y deslizamiento hacia la izquierda con la Unidad Popular. Este esquema triádico reaparecerá con posterioridad a la dictadura y creo que, a pesar del cambio de relación interna entre las fuerzas, se mantiene hoy día. Los recientes escándalos lo comprueban. El reguero comenzó por la derecha, se concentró en la DC, y culminó con un coletazo mortal para la llamada izquierda. Son la santísima Trinidad de nuestra actual democracia: tres entidades distintas y un solo empresariado de corrupción.

El gobierno de Ibáñez nos hizo más sensibles a "nuestros vecinos justicialistas", como rezaba el título de un ensayo popular en esos años[14]. Perón visita Chile durante su segundo mandato, cuando ya empezaban a arreciar las críticas a su gobierno y la Iglesia Católica había tomado posiciones en su contra. Estos hechos me empezaron a abrir los ojos a lo que pasaba en América Latina, más allá de nuestro ameno rincón, siempre cornucopia del "Edén". A mi casa, en un barrio de Valdivia, llegó un matrimonio de mediana edad, que decía huir de Perón. Recuerdo la cara tensa y algo ansiosa de la mujer, el rostro furibundo del marido, que no cesaba de repetir que "Perón estaba hundiendo a la clase media argentina". Era, en él, algo más que una consigna: una creencia visceral. Tal vez eran pequeños comerciantes, o propietarios de un taller mecánico, no recuerdo bien. Más que otro sentimiento, la presencia de la pareja me despertó solo curiosidad. En todo caso, años después, cuando viajé por primera vez a la Argentina, pude comprobar que la suerte de los trabajadores era ahí muy distinta a lo que veía a diario en mi país. Andaban en general bien vestidos y, sobre todo, tenían un sentido de dignidad que contrastaba con las humillaciones y el desprecio constante que sufría el obrero chileno. Los "descamisados" transandinos no se parecían en nada a nuestro "roto" de acá. Me tocó incluso compartir en Mendoza una habitación de hotel (bueno, era en realidad un local del Ejército de Salvación) con un obrero porteño que probablemente andaba en la clandestinidad. La Operación Masacre, terriblemente narrada por Walsh, había tenido lugar en 1955 y determinaría para siempre el curso futuro de la historia en el país. Ya como un especialista en literatura, creo que el hecho peronista, o los peronismos en que se astillará el movimiento populista, es el foco insoslayable de gran parte de la cultura argentina hasta el día de hoy. Una novela muy reciente empieza cuando el protagonista nace justo el mismo día de la muerte de Perón. El nexo resulta ser umbilical y funerario, natal y póstumo a la vez[15].

En Chile, puesto en cuarentena el Partido Comunista, los primeros marxistas que conocí fueron los trotskistas de siempre. El primer marxismo que leí fueron folletos y artículos del emisario de Brest-Litovsk, el Comisario del Ejército Rojo que había salvado a la naciente Unión Soviética de los invasiones de todos las potencias habidas y por haber: Alemania, Inglaterra, Francia, Estados Unidos, Japón y que había terminado como mártir allá en México. Su aura todavía estaba presente, sobre todo con la muerte cercana de Stalin. Mi recuerdo del grupúsculo trotskista es agridulce. Junto a gente admirable y valiosísima —abogados sindicalistas que defendían a obreros con denuedo y que mostrarían coraje durante la dictadura— había también una pandilla de pinganillas cuyo único legado es un puñado de anécdotas ridículas, algunas tan sabrosas, que es mejor no meneallo.

El hecho más duro de la década fue sin duda el 2 de abril de 1957. A mí el "incidente" me pilló en un hotelucho de la Estación Mapocho, donde debí pernoctar, obligado a interrumpir un viaje que hacía entre Valparaíso y Concepción. Era imposible circular por las calles de Santiago. A la mañana siguiente, cuando quise salir al aire libre, la destrucción era impresionante, el caos fenomenal. Todavía no se sabe el número de muertos que dejó la represión ibañista. Es lo que nos ocurre desde la conquista española. Las cifras oscilan entre la oficial de 300 y un techo alto que sobrepasa los 2000. La verdad, es decir, las muertes, están allí encerradas entremedio. Son siempre un guarismo incierto. El novelista Hernán Valdés exploró bien el contexto y el trasfondo en *Zoom*, de 1971. Su versión es singular.

Nace una inclinación

Al fin de los estudios universitarios, cerca de 1960, se hacía necesario buscar un tema de Tesis. Muy probablemente, esta elección determinaría el primer campo de investigación al que uno tendría que dedicarse en años consecutivos. Hay que hacer notar, aunque para la mayor parte de los colegas esto será bastante obvio, que en ese tiempo ello no implicaba una decisión angustiosa. En esa edad dorada de la academia no había demasiada competencia ni las exigencias del mercado eran imperiosas. En realidad, para decirlo con franqueza, éramos cuatro gatos que en las pocas universidades del país daban el paso de estudiar literatura. Hoy, con los cambios demográficos en la profesión y en la educación superior, con una nueva geografía académica (becas a USA más que a Francia o a Alemania), con el retorno de doctorados en el extranjero y con las reglas de postulaciones y concursos, me imagino que otro gallo está cantando y que el tópico de la disertación debe ser calibrado al milímetro. En Estados Unidos es así, lo que es harto deplorable.

Ahora bien, ¿qué lleva a uno a escoger un rumbo determinado entre tantas posibilidades abiertas? ¿Es solo gusto o interés personal? ¿Cuánto hay de azar o de antecedentes reales condicionando la preferencia individual y el objeto que se busca estudiar?

Las respuestas sin duda son muchas y dependen en el fondo de la filosofía de vida que se adopte para encarar el asunto. ADN, antecedentes biológicos o familiares, no los encuentro por ningún lado, por más que mire los retratos de mis abuelos colgados en el salón, viejas fotografías de marinos de la Marina Mercante (los vapores de la Compañía Haverbeck), algunos de los cuales murieron ahogados en las aguas del Pacífico. Mirando bien, sin embargo, y como lo más cercano, hallo a dos tíos alcohólicos, uno un periodista de Corral, en cesantía perpetua desde el 48, otro un funcionario de la firma Grace, en Valparaíso, del cual heredé un buen haz de libros de la colección Iberoamericana, publicada en Madrid, entre los cuales recuerdo un volumen con dramones de Martínez de la Rosa y, muy en especial, los tres tomos del *Orlando Furioso*, que me han permitido comprobar cuánto deben a esa obra la *Araucana* y el *Quijote*. Mucho más de lo que se afirma, mucho más que ecos, pasajes o escenas intertextuales, sino toda una avasallante, omnímoda impregnación del paradigma y del temple caballerescos. La epopeya hecha parodia en Ariosto vuelve a ser epopeya en Ercilla, y se hace parodia épica y heroica en Cervantes. Amén de que esos tomos me han permitido también disfrutar mejor las infinitas óperas que, desde Händel hasta Rossini, se han inspirado en los maravillosos personajes del poema. Ergo: libros sí, genes no; por lo menos, no precisamente literarios…

En el siglo XIX los prohombres liberales elaboraban con antelación un plan de vida; *Lebensplan* para los alemanes de ese tiempo. La época está llena de diarios de vida y de cartas al padre que definen lo que los jóvenes que aspiran a ganarse un puesto en el mundo tienen en mente. Juan Gabriel Araya, en sus trabajos sobre Hostos, sabe de esto. Todavía Russell, el sabio hijo de la Gran… Bretaña, redactaba por montones calendarios de conducta, lista de lecturas, formas de organizar la vida no solo de él, sino de sus próximos. Con todo mi respeto por el gran coautor de los *Principia Mathematica* y más tarde Presidente del Tribunal que llevó su nombre, eso me pareció siempre una pedantería del porte de un buque: una pedantería de las peores, hacia uno mismo, contra uno mismo y, peor aún, para con los pobres hijos. (Léase, si no, la biografía de Ray Monk).

En el siglo XX, Sartre habló de una elección original, que empleó magistralmente para escribir las vidas de Baudelaire, de Genet y de Flaubert. Son gente altísima que, por sus mismos destinos trazados en esas biografías, hace sospechar que la categoría sartreana fue elegida, así sea en parte, para luchar y refutar la idolatría freudiana del inconsciente. ¿Elección original contra Freud?

De todas las fórmulas más o menos aptas para describir el gesto y el acto al que me refiero, yo me quedaría con la de "inclinación". La tomo de un gran ancestro, como ustedes ya han comprendido, de Sor Juana, que para mí es una de las (y de los) intelectuales más descollantes que ha producido nuestra América. Ella nos habla de su "negra inclinación", golpeándose el pecho con sin par ironía. Por lo que comporta en armónicos y asociaciones de época, el término me parece preferible y muy superior al de "vocación" y otros similares.

Contra Paz, que en su influyente ensayo *Las trampas de la fe* comete un doble anacronismo, considerando a Sor Juana poeta y escritora y a su obra como precursora de su propia estética vanguardista, lo que quiere la monja mexicana es simplemente *estudiar*. Lo dice muchas veces, subrayándolo a lo largo de su *Respuesta*. La suya es una voluntad semejante a la de Leonardo: conocer el sistema del mundo, en todas sus facetas y disciplinas: geometría, música, teología, química al cocinar, etc. Porque estudiar es la más alta forma de movimiento en sentido aristotélico, la que no tiene un objeto externo sino que contiene en sí mismo su propia finalidad. Si el movimiento, según la *Física*, es paso de la potencia al acto en cuanto potencia, aquí, en la actividad mental del estudio, todo es actualización continua, *energía* pura. Pensar es la forma superior del movimiento. Sor Juana es una estudiosa que, a veces y contra su misma voluntad, escribe y produce objetos materiales: uno que otro papel o papelillo. Esto es lo que Paz, deseoso de apropiársela desde su México contemporáneo, ha llamado poeta y escritora. Lo fue sin duda, pero solo como una de sus operaciones estudiosas, tal vez no la principal. Huella accidental —preciosa y esencial para nosotros— en el ejercicio incesante de su mente.

Es más: no se ha reparado que "inclinación", ese deseo inextinguible de leer, aprender, conocer y estudiar que la mujer trata de justificar en su escrito excepcional, es un término que se pronuncia mucho antes, casi un siglo antes de Rousseau. La noción, por lo tanto, no contiene la admisión y aceptación de los deseos y preferencias individuales, tal como asegura la libertad individual, sino que corresponde a otro plexo mental, a otro sistema de categorías. Poco antes de la *Respuesta*, veinte años exactos antes de la muerte de Sor Juana, Malebranche discurre ampliamente sobre las inclinaciones naturales del hombre en el libro cuarto de su *Recherche de la verité*. Ahí, ellas casi siempre van junto a los errores y pasiones, son algo *dereglé*, se nos dice, desordenado. La matriz imperante es visible: no es otra que la sombra del pecado original[16]. En Malebranche, implícita o directamente, "inclinación" conserva su sentido cristiano, escolástico, ligado a la mayor falta intelectual, el pecado de orgullo y de concupiscencia espiritual. De hecho, aunque la noción en el siglo XVII insinúa ya un desplazamiento hacia su acepción psicológica moderna, todavía resulta inconcebible sin el marco de la ética antigua: aristotélica, donde ella representa un desvío de la recta y de la rectitud moral; helenística, en relación con el fenómeno del clinamen, esa desviación humana que libera en parte de la necesidad que rige los átomos. Marx, en su *Differenz* (en la Tesis misma, en los cuadernos suplementarios y en las notas), al comparar el determinismo democríteo y las versiones de Epicuro y de Lucrecio, reconocerá allí justamente el signo y la marca de la libertad humana. "Exiguum clinamen", dice Lucrecio en *De rerum natura*[17].

Mi inclinación del momento me llevó a optar por Neruda, por uno de los tres o cuatro Nerudas que existían entonces en el gran corpus nerudiano: el poeta de las *Residencias*. El director de la Tesis fue Gonzalo Rojas, que siempre vio con buenos ojos lo que hacía y al que siempre agradeceré no solo esta, sino las muchas manifestaciones de afecto y simpatía que me brindó. Esa elección me permitió no solo continuar por años trabajando sobre la lírica chilena, desde Lillo y Pezoa hasta Rojas y Millán, produciendo un grupo de pequeñas monografías sobre grandes poetas hispanoamericanos, sino ver algo más decisivo: comprender que en la poesía chilena radicaba la columna vertebral de nuestra cultura, su vertebración y su médula, lo más orgánico y resistente de todo lo que se ha hecho entre nosotros. Ella es nuestros Andes culturales, suelo y alturas que fundan y dan forma al país. Hojear el gran libro de esta poesía es llegar al tronco y a la raíz de lo que somos: leer un territorio real que nunca ha podido existir. Ante la incompetencia generalizada que reina por doquiera, la poesía resalta por su valor efectivo, su creatividad, su sentido y segura percepción de lo auténtico. Junto a esas cualidades, que reconocen moros y cristianos (lo cual, hoy día, no es moco de pavo), descuella el papel que han jugado los poetas en las grandes crisis nacionales. Ellos, y los notables artistas y actores teatrales, han respondido siempre y mejor, con coraje personal muchas veces, con un fuerte sentido de unidad, sin el despedazamiento destructor a que se entregaban políticos entronizados como líderes. Muchos de ellos, los poetas, han tenido el decoro de dar las espaldas a la falsa prosperidad y al oropel tan cacareado del nuevo Chile. En las década del 90, recuerdo nítidamente a Tomás Harris hablar de los "jaguares" instalados en gloria y majestad en medio del bestiario de la Transición. Sin ser Luis Bernales, pero con claro rechazo a la ralea de los Rivas, crearon y mantuvieron una ética de izquierda hasta el momento fatídico en que ética e izquierda entraron en franca conflagración. (Ruego, en este punto, dirigirse a un ex ministro hace poco despeñado).

Desde 1958 leía a Neruda con particular intensidad. Había llegado a él por la puerta áurea de las "Alturas de Macchu Picchu". La entrada en las *Residencias* se me dio por vía del poema "Unidad" y, poco después, mediante "Entrada en la madera". Del último camino he hablado varias veces, así que me restrinjo al primero.

Como me había iniciado en filosofía precisamente en 1958 y estaba en ese momento hechizado por los presocráticos, esa "unidad" del título nerudiano me dio la clave para juntar mi preocupación filosófica con un acercamiento al poema. Más atrás, muy en el fondo, alentaba ese viejo anhelo, arcaico y actualísimo, que creo que todos compartimos, el de hallar un punto del inmenso mundo real en que todo se unifique: el "Aleph" de Borges. Pero este era demasiado cerebral, relamido y sofisticado; en el fondo, cantoriano. Para mí, la inquietud, casi infantil, buscaba averiguar lo que hay detrás de las cosas, penetrar y palpar la substancia inescrutable. En el arco de su gran Lógica, Hegel expone la doctrina de la esencia como puente y transición entre la inmediatez del ser y el despliegue hacia el concepto. El párrafo inicial, absolutamente extraordinario, recoge con el gran gesto metafísico del pensador lo que para muchos es posiblemente apenas una oscura intuición. Cito, quebrando la magnífica integridad del texto, para retener lo que ahora me importa:

> La *verdad* del *ser* es la *esencia*.
> El ser es lo inmediato. El saber busca conocer lo verdadero que es el ser *en sí y para sí*, así que no permanece en lo inmediato y en sus determinaciones, sino que penetra a través del mismo, en el supuesto de que *detrás* de este ser, aún hay algo otro que el ser mismo y que este trasfondo constituye la verdad del ser (…) porque la esencia es lo pasado, pero ser que pasa sin tiempo[18].

No sé si todo esto es válido, porque con los años uno se pone escéptico frente a la locura racional de Hegel y —necesario es confesarlo— ante la edificación bastante escolástica de su sistema. ("rígida y esquemática", pontificará Heidegger). Pero, para mí, el párrafo recoge maravillosamente ese *tras*, el *hinter* y el *Hintergrund* que se esconde tras la presencia inmediata del ser y que mediará la constitución del concepto, en un despliegue dialéctico en que lo real y lo ideal ya no están separados. Miro las flores que asoman por sobre el cerco en una calle de mi barrio; irradian color y perfume; en invierno se desvanecen, pero su esencia permanece, inolvidable. Pienso en la noción de flor: no tiene estaciones.

El vuelco material en Neruda en lo que toca a este orden de cosas consiste en captar la génesis de la "unidad" como proceso de acumulación de lo que se desgasta y destruye: "Hay algo denso, unido, sentado en el fondo", comienza "Unidad".

Al fin de la segunda estrofa habla de cosas "uniformes" que "se unen en torno a mí como paredes". El poema finaliza: "Un extremo imperio de confusas unidades /se reúne rodeándome".

Con su órgano nocturno, el ojo prensil característico de su poesía, Neruda capta a fondo que la "unidad" no es la cualidad de lo Uno, que tanto mal ha hecho en lo teológico, en lo metafísico y hasta en lo político, sino la condición propia de lo "unido"; que lo "uniforme" se hace verbo, pues las cosas "se unen" y que la unidad no es única, sino por el contrario plural, consiste en "unidades"; por último, la unidad así concebida resulta de que lo real "se reúne" para manifestar su poder unitario. A través de esos simples cambios, gramaticales para nosotros, el poeta despliega el camino de constitución de la unidad esencial que es nuestro mundo. La "Unidad" nerudiana de las *Residencias* es unidad devenida (el galicismo es insoslayable) y su significación terminal es un proceso de reunión. En "Entrada a la madera" señalará el camino de conocimiento apropiado para este orden de cosas: "Con mi razón apenas, con mis dedos". El tacto no niega lo racional, más bien lo continúa, lo afirma y lo enriquece. Es el gesto soberano que volverá a surgir en el memorable umbral de las *Alturas*.

Bueno, me detengo aquí. Mi intención era simplemente llegar hasta 1960 y no pasar de ahí, de modo que quedara en evidencia mi primer pasatismo, una especie de protopasatismo, digamos. He insistido en Sartre (tal vez en exceso) y me disculpo por ello. Lo he hecho en parte porque fue mi lectura más sostenida durante esos años, en parte también porque me ayudó a hacer converger mi doble interés por la literatura y la filosofía. Mucho tiempo después (¡no es parodia de *Cien años de soledad*!), en el sexto piso del Hotel Beauvoir, realicé una travesía continua, casi completa, de *El ser y la nada*. Curiosa coincidencia: leer a Sartre en el Hotel Beauvoir, situado en la esquina del Quartier Latin y de Port Royal, frente a la "Closerie de Lilas" de la cual habla tanto Hemingway en su *París era una fiesta* y al lado del Bullier, donde ocurre una escena imborrable de *La guerre est finie*, de Resnais. Es fácil verlo: se puede adquirir un poquitín de fama por mera contigüidad.

Los lugares penquistas que cultivábamos eran menos famosos. Cerca del campus, estaba "El Oasis" que ya por su nombre daba sed; el "Metropol", a espaldas de la plaza central, donde en principio solíamos ir a estudiar, contaba con un *Wurlitzer* que, en ese tiempo, era tecnología de punta y en donde se podían oír magníficos tangos. Me acuerdo de uno que me gustaba: "En un viejo almacén / del Paseo Colón / donde van los que tienen / perdida la fe…" De nuevo, otros perdidos, ahora porteños. En fin... Pero todo esto es ya harina de otro costal: los 60 estaban por empezar, y empezaban en serio.

Notas

1 Nota de los Editores: este capítulo se basa en la conferencia magistral que dio Jaime Concha para clausurar el "Simposio: Leer a contraluz: un recorrido por la literatura latinoamericana junto a Jaime Concha" realizado por la Universidad de Chile, Pontificia Universidad Católica, y la Fundación Pablo Neruda en Santiago de Chile del 13 al 14 agosto de 2015.
2 El término griego es *paidiá* —Plutarco, *Alexander et Caesar*, ed. K. Ziegler editor (Stuttgart: Teubner, y Leipzig, 1994,1-2). Tomo la traducción de las *Vidas paralelas* (México: Editorial Porrúa, 1987), 213.
3 Gabriela Mistral, "Eduardo Barrios", en *Recados: Contando a Chile* (Santiago: Editorial del Pacífico, 1957), 24. (El texto es de 1925.)
4 Ibíd., 26.
5 "Filósofo precoz y suicida" lo llamó Francisco Romero en un célebre prólogo a la traducción castellana. Elogiado por Giovanni Papini en el apogeo de su prestigio, Weininger fue también un libro de cabecera del joven Wittgenstein.
6 Jaime Quezada, *Bolaño antes de Bolaño. Diario de una residencia en México* (Santiago: Catalonia, 2007), 42 *et sqq.*
7 Jean-Paul Sartre, *L'imaginaire* (Paris: Gallimard, 1940), 30 y 34-5.
8 Jean-Paul Sartre, *La transcendance de l'ego* (París: Vrin, 1965), 30.
9 F. Sheen, *Life of Christ* (New York: Mc Graw Hill, 1958), vii y 5.
10 Robert. Morrison. MacIver, *Social Causation* (Gloucester: Peter Smith, [1942] 1973).
11 Claude G. Bowers, *Misión en Chile 1939-1953* (Santiago: Editorial del Pacífico, 1957), 175-193. Edición original: *Chile through Embassy Windows* (New York: Simon and Schuster, 1958).
12 Aníbal Pinto Santa Cruz (Santiago: Editorial Universitaria, 1959), 148 *et sqq.*, esp. 169-171; Jorge Ahumada C. (Santiago: Editorial del Pacífico, 1958), 13.
13 Michel de Certeau, *Histoire et psychanalyse entre science et fiction* (París: Gallimard (Folio), 1987), 119.
14 Alejandro Magnet, *Nuestros vecinos justicialistas* (Santiago: Editorial del Pacífico, 1954).
15 Martín Caparrós, *Los living* (Barcelona: Anagrama, 2011).
16 Malebranche, *Oeuvres*, I (París: Gallimard, 1979), 385-486.
17 Marx, *Die Differenz...*, 2, 1, in *Marx Engels, Werke*, I (Berlin, Dietz

Verlag, 1968), pp.278-285, 340, n. 29; Lucretius, *De rerum natura* (Cambridge, MA: Harvard University Press [Loeb], 1982), 118.
18 Hegel, *Wissenschaft der Logik*, II (Frankfurt a. Main: Suhrkamp, 1969), 13.